# RENASER

## UN VIAJE DEL ALMA A TRAVÉS DEL TIEMPO

**Ana María Benavides**

Número de Control de la Biblioteca del Congreso de EE. UU.: 2020900686

| ISBN: | Tapa Dura | 978-1-5065-3127-4 |
|---|---|---|
| | Tapa Blanda | 978-1-5065-3128-1 |
| | Libro Electrónico | 978-1-5065-3129-8 |



Información de la imprenta disponible en la última página.

Fecha de revisión: 27/01/2020

**Para realizar pedidos de este libro, contacte con:**
Palibrio
1663 Liberty Drive, Suite 200
Bloomington, IN 47403
Gratis desde EE. UU. al 877.407.5847
Gratis desde México al 01.800.288.2243
Gratis desde España al 900.866.949
Desde otro país al +1.812.671.9757
Fax: 01.812.355.1576
ventas@palibrio.com
806582

# ÍNDICE

# Agradecimientos

-A mi madre.

Porque al resolver el por qué de tu ausencia, te quedaste para siempre. Gracias por enviarme al mundo como una guerrera justo como tú lo fuiste.

-A mis hijos Katy, Karen y Jesús Manuel

Por estar conmigo en este acuerdo de almas. Por compartirme su luz, su brillo y por dejarme darles vida. Por su comprensión, su impulso y motivación. Por ser mi familia y mi vida entera.

-A todas las personas que han confiado en "Hypnosis with Ana María".

Porque su historia hoy también es parte de la mía, por dejarme RENA-SER junto a ustedes en cada sesión.

- A la vida, Dios y el Universo le doy las GRACIAS por enviarme falsos amigos y amores que fueron grandes maestros para mi, a ellos gracias por existir y hacerme crecer.

-A ti que tienes este libro en tus manos, mi agradecimiento y deseo que sea el comienzo de una nueva vida para ti y los tuyos, un nuevo RENA-SER.

# Introducción

Conocí la Hipnosis Clínica por mi historia personal.

Resolver muchas de las preguntas que acompañaron mi niñez fue parte fundamental para decidirme a incursionar en este mundo donde las personas sufren una transformación que les permite tomar el control de sí mismos el resto de su vida.

Como la de mucha gente, mi vida no ha sido sencilla. Una infancia con carencias afectivas fue el detonante para que creciera preguntándome ¿por qué a mí?, ¿para qué a mí?.

Esas interrogantes me acompañaron siempre ya que en la infancia, adolescencia y en la edad adulta seguían presentándose a cada momento.

Era necesario actuar y no sólo porque las dudas no desaparecían, sino porque en mi vida había patrones de comportamiento que se presentaban repetitivamente dejándome una huella cada vez más profunda en el corazón.

Un día sin planearlo, conocí al Doctor Brian Weiss quien estaba cambiando muchas vidas en Estados Unidos.

Conocerlo fue sin lugar a dudas un antes y un después en mi vida pese a que se trató de un encuentro al que inicialmente no estaba muy convencida de ir.

Debo reconocer que al verlo no me impactó mucho la terapia que él promovía: utilizar hipnosis para regresar a vidas pasadas; pero terminé de convencerme cuando me dijo que su técnica va directamente a la mente subconsciente y sana desde ahí la problemática que tiene el ser humano.

Fue él quien me convenció de que nuestra mente consciente trabaja de una forma pero nuestra mente subconsciente guarda lo inimaginable. ¡Ahí quería yo entrar!, pero primero a la mía para resolver aquellos conflictos guardados desde mi infancia.

Cuando el Doctor Weiss me preguntó: -¿Qué es lo que quieres resolver con esta terapia-? le respondí que necesitaba saber ¿por qué mi mamá había muerto?.

Fue esa sencilla, pero a la vez trascendental pregunta la que me llevó a darme la oportunidad de tomar terapia y conocer los extraordinarios resultados.

Con la primera pregunta surgieron más: ¿Por qué yo fui elegida para crecer sin el cariño maternal?, ¿Qué tenía que aprender al haber crecido sin mi mamá?, ¿Existía alguna forma de sentirla, de percibirla, de ponerme frente a ella para preguntarle por qué me abandonó siendo apenas una niña de dos años?.

El doctor Weiss me dijo que no sólo podría vivir eso, sino que además podía resolver otros conflictos presentes en mi vida y aunque yo nada más quería respuestas relativas a la ausencia de mi madre, acepté.

Lo que vino después fue un viaje a una nueva historia de Ana María Benavides. Un nuevo camino en donde no sólo obtuve las respuestas que necesitaba sino que además, pude tener la tranquilidad que mi alma buscó por muchos, muchos años atrás.

El doctor me planteó un reto. Me dijo que si resultaba convencida, entonces me certificara para la terapia de Regresiones a Vidas Pasadas en español ya que seguramente habría mucha gente que necesitaba de este método para sanar y renaser. Si con “S”, RENA-SER.

Podría contar muchas cosas sobre los resultados que obtuve con la terapia, sin embargo sólo me concentraré en decir que luego de vivir en carne propia las sesiones de Regresiones a Vidas Pasadas, decidí que quería dedicarme a ello para poder ayudar a los demás a resolver sus propias dudas, a encontrar la tranquilidad y a tener con ello una vida mejor y mucho más placentera.

Entendí que debía involucrarme en el método, estudiarlo, practicarlo y llevarlo a todos los lugares donde me fuera posible para que más personas pudieran cambiar su vida como yo lo hice con la mía.

¡Quería que todo mundo resolviera sus problemas de esta misma forma!.

Si me había ayudado a resolver mis conflictos, me dedicaría entonces no sólo a contarle al mundo los beneficios de la hipnoterapia, sino a practicarla con las personas para que tuvieran la misma oportunidad que yo tuve de sanar.

A lo largo de los años he podido ayudar a mucha gente que busca una solución a sus conflictos y recurren para ello a la Hipnosis Clínica.

Independientemente de si es regresar en esta misma vida a una etapa anterior, de si se trata de una regresión al vientre de la madre o regresiones a vidas pasadas; la técnica, la necesidad de sanar y la posibilidad de RENA-SER siempre son las mismas.

He podido ser testigo de muchas vidas que han cambiado por permitirse conocer lo que su mente subconsciente tiene para ellos y sobre todo, por darse oportunidad de vivir esta experiencia que representa un antes y un después.

Debo reconocer que hablar de hipnosis es considerado aún por algunas personas como un tema complejo. Hay quienes lo asocian con aquellos sketches de televisión donde alguien se apodera de tu mente para hacerte cantar, bailar, roncar, llorar o levitar sin que te des cuenta porque aparentemente estás en un sueño profundo.

También hay quienes consideran que con permitirse una sesión de hipnosis están faltando a su espiritualidad o bien hay aquellos que piensan que su vida se transformará como por arte de magia cuando todo tiene que ver con una cuestión de voluntad.

A todos ellos les digo que no es así, la Hipnosis Clínica es una técnica que atendida por un profesional, es una herramienta para construir la vida que estás dispuesto a tener y a disfrutar.

En este libro busco compartirte algunos de los casos de éxito que hemos tenido en Hypnosis with Ana María, el centro terapéutico que desde Nueva York ha sido el parteaguas de muchas vidas que al cambiar de manera positiva, siguen impulsando la mía a la vez.

Desde mi consultorio he visto cómo cientos de personas han tomado la decisión de resolver esos conflictos que no les permiten seguir adelante. Ahora, con este libro que tienes en tus manos, te pregunto: -Y tú ¿qué problema quieres resolver?-.

Si aún no lo sabes, seguramente adentrándote en las páginas y en todo lo que aquí encontrarás sobre Hipnosis Clínica, sabrás reconocer qué parte de tu vida necesitas atender para que así, ya no te sea complicado avanzar.

# Capítulo I

## ¿Qué NO es la hipnosis?

Quizá hablar de hipnosis nos remonte a la sala de una casa viendo la televisión en familia con algún "experto" en el tema pidiendo un voluntario del público que tenga ganas de participar.

Una vez que esa persona se levanta de su asiento, pasa al escenario y se convierte en el centro de atención de los asistentes y de cientos o miles de televidentes que están detrás del aparato receptor.

Vienen las primeras indicaciones y el participante las atiende: -Seguirás con tus ojos mi dedo de izquierda a derecha-, -Tus ojos solo pueden ver los míos-,

-Cuenta del 1 al 10 mientras ves mi dedo pasar de un lado al otro de tu cabeza- y un sinfin de instrucciones más.

A la cuenta de tres y de acuerdo a la última indicación, el voluntario se queda dormido profundamente y comienza a realizar una serie de acciones que le son ordenadas por el hipnotizador.

-¡Brinca como niño!- y la persona comienza a saltar.

-¡Párate de manos!- y el participante busca de inmediato una pared para poder recargarse y con ello tener el sostén para colocar sus piernas mientras se para de cabeza.

-¡Eres un niño llorando y pidiendo su mamila!- Y en ese momento el hombre o mujer hipnotizado comienzan a llorar como un bebé dentro de su cuna. Un bebé que sólo se calma cuando quien da las instrucciones pone una mamila en su boca.

Bueno, pues eso no es la Hipnosis Clínica.

Muchas personas que han llegado a mi consultorio lo primero que me preguntan es si van a perder la conciencia o si van a perder la voluntad ante mis instrucciones producto de experiencias previas que han visto en la televisión o les ha tocado presenciar.

Me cuestionan si voy a mover un dedo de un lado al otro de sus ojos o si voy a tronarlos para que ellos caigan en trance. Me preguntan si dejarán de escuchar, de sentir o de observar para comenzar a vivir lo que yo les ordene que hagan y no, no es así.

La persona jamás pierde el control de sus actos y durante la hipnosis jamás hará nada que esté en contra de sus principios o valores morales ya que de hacerlo, de inmediato tomaría conciencia de ello.

Otra de las cosas que ocurren frecuentemente es que hay quienes llegan al consultorio pensando que haremos rituales o que manejaremos hierbas, polvos, amuletos o alguna cosa material.

Recuerdo que en una ocasión una mujer que buscaba ayuda, se trasladó hasta Nueva York para una sesión conmigo. Había sacado la cita con anticipación esperanzada en encontrar la ayuda que necesitaba.

Le expliqué de qué se trataba y asumió que estaba lista para comenzar.

Llevamos a cabo la sesión pero cuando terminamos me comentó que lo que habíamos hecho no era hipnosis porque en su país de origen una vez la habían hipnotizado y la experiencia fue diferente.

Me dijo que le habían pasado por encima de su cabeza algunas hierbas y otros productos que permitirían realizar el trabajo de una mejor manera. Le expliqué que yo no trabajaba así y que lo que ella me decía tampoco era hipnosis.

Admito que se fue con dudas pero regresó a la siguiente cita sin cuestionamientos luego de ver los resultados obtenidos tras su primera visita. La segunda vez que decidió hacer terapia iba con mucha fe de lo que sucedería una vez terminado el tratamiento.

-Pensaba que me pasaría un huevo, hierbas o algo para eliminar lo que me aquejaba, pero debo reconocer que no lo necesité- me dijo ya no incrédula como la primera vez.

Tanto los mentalistas como quienes utilizan objetos para hacer "tratamientos" con los pacientes han contribuido en buena medida para que existan muchas dudas sobre este proceso, su legitimidad y sus resultados.

A veces quien practica la hipnosis de teatro, quien utiliza hierbas o algún otro aditamento, hace creer al paciente que tiene cierto poder que le ha sido conferido y que por ello puede ayudarle a sanar sus males.

La Hipnosis Clínica no se basa en ningún poder sino en una práctica médico psicológica que debe estar en manos de un profesional del área. La hipnosis de teatro es el empleo de este método con el único fin de entretener a un público apoyados en un voluntario que suele tener una personalidad histriónica con un alto grado de sugestionabildad y exhibicionista.

Otra de las cosas que me han preguntado a lo largo de los años es si al "despertar", el paciente recordará todo lo que vivió durante la sesión.

De entrada hay que decir que durante la hipnosis tampoco se cae en un sueño profundo ya que sólo se produce una disminución de la conciencia periférica, es decir, se reduce la percepción de los estímulos alrededor.

Por ello el paciente recuerda todo lo sucedido porque en realidad se está dando cuenta de todo lo que pasa en torno a él. Incluso su sesión puede ser grabada por si quiere escucharla después a fin de analizar a mayor profundidad lo trabajado y solucionar más pronto el problema que se está atendiendo.

También recuerdo a otra persona que un día me preguntó si la hipnosis era sólo para quienes son de "mente débil" que son dominados en ese momento por alguien con "mente fuerte" y tampoco es así.

El hipnotista no es quien tiene una posición dominante, simplemente trabaja con el subconsciente de los pacientes con el fin de ayudarles a encontrar una solución.

Otra duda común es si la hipnosis es pecado. Determinarlo como tal no es mi intención, solo puedo decir que en los años que llevo como terapeuta he tenido la oportunidad de ayudar a personas con creencias religiosas distintas que ven en esta técnica una opción para solucionar sus problemas.

Quienes recurren a la Hipnosis Clínica pueden tener la certeza de que no revelarán secretos durante la sesión, tampoco darán a conocer al hipnoterapeuta los números de su cuenta bancaria, la contraseña de su correo electrónico, el nip de su teléfono o cualquier otro dato que su memoria conserva.

Todo eso, seguirá siendo únicamente del paciente.

# Capítulo II

## ¿Qué es la hipnosis?

La hipnosis es un estado natural de la mente humana, un estado de relajación que involucra mente y cuerpo. En la hipnosis la persona alcanza un alto nivel de relajación que le permite desconectarse del presente y poner toda su atención en la mente subconsciente.

Pero ¿qué es la mente subconsciente?. La mente subconsciente es la sede de las emociones y de la memoria, donde se almacenan todas las experiencias vividas. En el proceso de la hipnosis el individuo cambia la atención de la mente consciente hacia la mente subconsciente.

La hipnosis altera el estado de conciencia de tal modo que el lado analítico de nuestro cerebro: el hemisferio izquierdo, se desconecta y el no analítico: el hemisferio derecho, permanece más alerta.

De acuerdo con estudios de Psiquiatría moderna se produce una inhibición del control consciente dando paso al subconsciente.

La mente consciente es la parte de nosotros que piensa linealmente, que conceptualiza, categoriza información y toma decisiones, es la mente lógica o racional donde se generan las ideas o pensamientos. La mente consciente es la que nos permite tomar decisiones acertadas en determinados momentos con base a las decisiones y el análisis que se pueda realizar sobre ellas.

Por ejemplo, usamos nuestra mente consciente para decidir si cruzar o no la calle dependiendo de si vemos o no tráfico. La mente consciente es la que decide qué hacer en este momento.

La mente subconsciente es la que se encarga de los procesos automáticos del cuerpo como la digestión, respirar o comer.

Es importante mencionar que la mente subconsciente no opera con los conceptos de bueno o malo, correcto o equivocado; de hecho, algunos especialistas señalan que funciona similar a la inteligencia de un niño de 7 años.

Por ejemplo si usted le dice a un niño: -no toques la plancha porque te vas a quemar-, el niño hace exactamente lo que usted le está diciendo que no haga ya que su mente subconsciente no entiende la palabra “No”.

Mente consciente y subconsciente trabajan simultáneamente. La mente subconsciente es más poderosa que la mente consciente, controla básicamente todos los hábitos y emociones los cuales se pueden cambiar a través de la hipnosis.

Quizás usted siente que no conoce la hipnosis o que nunca la ha experimentado pero no es así. Entramos varias veces en hipnosis a lo largo del día, por ejemplo cuando estamos leyendo un libro que nos resulta apasionante y perdemos la noción del tiempo, cuando estamos escuchando radio o cuando conducimos el auto y de pronto llegamos al lugar de destino sin darnos cuenta.

No percibimos lo que pasa a nuestro alrededor porque estamos conectados solo con lo que nos interesa. Esa desconexión o pérdida de la noción del tiempo es lo que conocemos como Hipnosis Ambiental y todos la experimentamos más de alguna vez incluso varias ocasiones durante el día.

Durante la hipnosis el individuo responde más fácilmente a cualquier sugestión ya que la mente se relaja y es menos analítica que en el estado de vigilia.

Mucho me han preguntado si las personas pueden salir de la hipnosis en el momento que lo deseen y la respuesta es si, ya que con sólo abrir los ojos de forma natural quien la experimenta se pone en alerta.

Es decir, nadie puede estar en hipnosis en contra de su voluntad ya que el estado de relajación se puede suspender en cualquier momento.

La hipnosis tiene una base científica que la ha llevado a ser reconocida tanto en el contexto médico como en el psicológico. Desde mediados del Siglo XIX la Asociación Médica Británica y la Americana así como la Asociación Americana de Psicología, la aprobaron como procedimiento médico.

En 1995 el Instituto Nacional de Salud de los Estados Unidos emitió una declaración a favor de utilizar la hipnosis para el dolor crónico especialmente cuando está relacionado con el cáncer. De tal modo que si la hipnosis se trabaja bajo un ambiente médico se reconoce como ciencia.

La mente subconsciente guarda memorias que conscientemente no recordamos porque eventualmente olvidamos aquellos momentos que nos duelen, nos lastiman o que no nos permiten desarrollarnos libremente.

Sin embargo existen y porque existen, es que en ocasiones la vida se torna como una “bola de nieve” que ya no da permiso de avanzar.

# Capítulo III

## El ABC de una sesión de hipnosis

Hay quienes temen hacer Hipnosis Clínica porque no saben ¿qué van a encontrarse al llegar a recibirla?

Sobra decir que la hipnosis como terapia en manos de un profesional es un método absolutamente serio que inicia cuando el paciente tras realizar una cita, llega al consultorio para recibir la primera sesión.

Los pasos a seguir son sencillos y nada complejos de llevar a cabo.

Lo primero que se hace es la entrega de un cuestionario en el que la persona responde algunas preguntas básicas que me permiten trabajar de forma más certera en el tema que desea resolver.

En esta serie de preguntas los pacientes responden a los puntos que consideran importantes para la terapia y es sencillo hacerlo mientras esperan su turno para ingresar.

Una vez dentro del consultorio tenemos una plática introductoria mediante la cual me cuentan en qué le puedo ayudar. En este momento, la persona se abre al abanico de posibilidades que tiene la hipnoterapia para ella.

Es importante mencionar que dentro de esta charla utilizamos algunos minutos que son importantes para el desarrollo de la sesión, por ello es recomendable siempre asistir a más de una para que los resultados sean más palpables.

En esta plática es cuando los pacientes resuelven sus dudas, preguntan lo relacionado a ¿qué van a sentir? e incluso en algunos casos, hay quienes vienen a hacer Regresiones a Vidas Pasadas y me muestran fotografías, juguetes de cuando eran niños o algún objeto que les recuerda su pasado pensando que será utilizado durante la sesión.

Nada de eso es necesario y ahí se les informa. Las personas deben llegar solamente con la disposición de querer descubrir dentro de si mismas la respuesta a situaciones complejas que han aparecido en su vida.

Terminado este primer proceso le pido al paciente que se recueste en un sillón porque es momento de comenzar. Una vez ahí, iniciamos con las instrucciones donde le adelanto un poco de lo que va a vivir.

Le recuerdo que es un procedimiento que dura de 1:00 a 1:30 horas, que durante la sesión podría tocar su hombro y / o su frente y que deberá permanecer con los ojos cerrados durante todo el tiempo citado.

Posteriormente le pido que iniciemos el proceso de relajación en donde el cuerpo permite que la mente subconsciente se manifieste dando oportunidad de que aparezcan ideas, historias personales, alegrías, tragedias y todo cuanto en ese momento, su subconsciente elija trabajar.

Iniciado el proceso de relajación también es como da comienzo la terapia.

Una pregunta común que realiza quien no ha vivido una sesión de Hipnosis Clínica, es si el hipnoterapeuta es quien dirige la sesión y esto es afirmativo.

Durante el proceso me mantengo a un costado guiando al paciente por los caminos de su mente subconsciente y ayudándole a encontrar situaciones profundas que en ese momento afloran.

En ocasiones durante la sesión, los puntos por los que llegó la persona a mi consultorio no son los que su mente subconsciente decide tratar en ese momento sino otros más que fluyen para ser sanados. Muchos de ellos son recuerdos que fueron "archivados" por el paciente.

Los seres humanos sentimos desde que estamos en el vientre de nuestra madre. Cada una de las experiencias que tenemos están íntimamente ligadas a lo que hemos vivido a lo largo de nuestra historia y en ocasiones acumulamos vivencias que no nos dejan avanzar hacia donde quisiéramos hacerlo.

La hipnoterapia es una alternativa para liberar procesos emocionales que nos impiden seguir creciendo. Sin embargo, el proceso de una terapia psicológica es lento y a veces mucho más doloroso de lo que imaginamos.

Por experiencia sé que quienes buscan terapia lo hacen porque tienen la necesidad de resolver algún conflicto. En ocasiones los pacientes llegan desesperados porque han batallado durante muchos años con alguna adicción, porque no saben el origen de su tristeza, porque lidian con alguna enfermedad que les han dicho incluso que es incurable, porque tienen depresión, porque han perdido a un ser querido o por muchas otras razones que los llevan a sentirse con la necesidad de pedir ayuda.

Gran parte de las personas que atendemos ya han buscado alguna otra alternativa para resolver sus conflictos y optan por la Hipnosis Clínica porque ven en ella una nueva posibilidad.

Me ha tocado también conocer a muchos pacientes que llegan con voluntad aunque con resistencia, incredulidad y hasta escepticismo. Sin embargo cuando terminan el tratamiento, logran ver resultados que les devuelven no sólo la fe en la vida sino que les permiten ser multiplicadores de la eficacia de este método.

Es por eso que siempre digo que cuando se trata de recurrir a la Hipnosis Clínica, creer es muy importante y la voluntad es fundamental.

Hay personas que consideran esta técnica como su última oportunidad, la fe con la que se acercan les permite entregarse plenamente a la terapia lo cual resulta de mucha ayuda porque su disponibilidad es mayor y por ende los resultados saltan a la vista prácticamente de inmediato.

He conocido pacientes que llegan con miedo porque no saben lo que se van a encontrar, también he tratado con quienes no creen en la hipnosis porque "no son débiles", porque están convencidos de que "nadie se puede meter en su mente", porque "lo han probado de todo y esto ¿por qué habría de ser diferente?". Y bueno, estas y muchas otras preguntas han quedado resueltas después de la primera sesión.

Y es que la rapidez con la que funciona la hipnoterapia tiene un porcentaje de recuperación del 93% después de 6 sesiones, mientras que con otras técnicas como el Psicoanálisis el porcentaje de recuperarse es del 38% después de 600 sesiones y en Terapia Conductual el porcentaje es de 72% después de 22 sesiones.

Lo anterior lo reveló un estudio realizado por el Dr. Alfred Barrios Ph.D, publicado por la Revista Americana de la Salud.

Esto se debe a que durante el estado hipnótico se logra el acceso al subconsciente que ocupa aproximadamente un 93% de toda la mente, bajando hacia el estado mental "theta" lo que permite "reprogramarla" adecuadamente en beneficio de las personas.

A través de la Hipnosis Clínica he ayudado a muchas personas que quieren resolver adicciones, fobias, depresión, enfermedades psicosomáticas entre otros padecimientos.

También a pacientes que han recurrido a mi para lograr cambios importantes en su vida como: bajar de peso, dejar de fumar, mejorar la seguridad y aumentar su autoestima, resolver problemas de pareja, liberar ansiedad y temores, controlar ataques de pánico, cerrar ciclos del pasado, sanar heridas de la infancia, entre otros conflictos.

Mediante la hipnosis también se les ayuda a las personas a perder el miedo a la muerte, a tener un mayor crecimiento espiritual, a resolver bloqueos o patrones repetitivos, a sanar el pasado para vivir un mejor presente y crear un mejor futuro.

Es importante decir que existen casos donde la hipnosis no puede realizarse porque no existe voluntad.

Una persona que va por obligación a un tratamiento de Hipnosis Clínica, que asiste para quedar bien con la familia o para evidenciar que tiene voluntad de resolver sus problemas sin tener en realidad esta disposición, generalmente no encuentra buenos resultados.

Algo fundamental para solucionar conflictos es verlos desde la perspectiva del deseo, la fuerza, la credibilidad y la fe.

En caso de que estas condiciones no existan no será posible trabajar con lo que les aqueja y mucho menos podrá ser resuelto.

He tenido en muchas ocasiones a esposas que desean que sus maridos dejen de fumar o alguna otra adicción, sin embargo, mi respuesta es siempre contundente: si la persona no tiene voluntad poco se puede hacer por ella.

Se trata de estar convencido de querer dar un paso más en su vida, un cambio, estar cansado de sentirse enfermo. Si aún no deciden darlo, es simplemente porque su momento no ha llegado y hacerlo a fuerza, es sólo perder el tiempo.

# Capítulo IV

## ¿El subconsciente puede mentir?

Realizar una terapia de Hipnosis Clínica es una prueba de valentía para quien decide hacerlo.

¿Valentía? Si, se requiere de valor para confrontar lo que nos ha dolido durante años y lo que hemos decidido arrastrar durante muchísimo tiempo. Quizá siempre ha estado presente esa situación y no había fluido para ser atendida porque aún no era el momento.

La valentía no solamente radica al tomar la decisión de pedir ayuda sino en posteriormente aceptar, trabajar y sanar esa situación. Esto no es sencillo porque descubrir aquello que se ha mantenido oculto por muchos años y confrontarlo genera emociones y mucho trabajo personal posterior a la terapia.

No siempre se procesa en un primer momento, a veces la información que envía el subconsciente va fluyendo lentamente y surgen muchas preguntas. Una de ellas es si el ¿subconsciente puede mentir? y la respuesta vuelve a ser: No.

Durante la terapia los pacientes experimentan situaciones muy reales obtenidas de una historia que ellos mismos van hilando con sus pensamientos. Los momentos, los lugares, las personas e incluso los sentimientos son tan lúcidos que no podrían venir de alguna invención.

El paciente elige el momento y la circunstancia a la que decide regresar y es de esta manera que genera una conexión con las memorias guardadas en su mente subconsciente y que son propiedad únicamente de la persona.

A quien me pregunta lo anterior le digo que el paciente no gana nada con mentirse a si mismo durante la terapia, pero aún más, no podría recrear toda una historia y repetirla para que yo pueda escucharla durante su proceso.

Antes de mentir, existen personas que simplemente llegan a la terapia cerrados y sin disposición. Al iniciar se les pide que comencemos con el estado de relajación pero argumentan que no pueden ver nada, que no se pueden concentrar y que simplemente su mente está en blanco para poder atender. Ellos prefieren irse antes que mentir.

De esta forma, puedo decir que lo que las personas recrean en su mente durante las sesiones, viene de su archivo personal de recuerdos y que solamente necesitaron de ayuda para que fluyera a fin de tener más oportunidades de sanar.

# Capítulo V

## ¿Qué es una sugestión?

Durante el proceso de la hipnosis existen comandos o instrucciones que llamaremos sugestiones. Son órdenes que van directo a la mente subconsciente y que dejamos durante el estado de relajación profunda en el paciente.

La sugestión es por demás efectiva ya que la mente subconsciente siempre procesa la información que recibe de parte del hipnoterapeuta.

Se trata es de realizar un cambio positivo se busca dejar en la mente del paciente información que le permita lograr ese cambio. Cuando un paciente llega conmigo, lo hace porque alguna conducta o hábito negativos lo llevó a pedir ayuda. El objetivo de la terapia y las sugestiones es convertir esa conducta en positiva y eso se logra mediante la armonización y el equilibrio.

Recurramos a un ejemplo para explicar mejor el tema de las sugestiones. Si se trata de un paciente que busca dejar de fumar, lo más importante es que durante la sesión de hipnosis lleguemos a la razón de por qué decidió hacerlo.

Una vez que se detecta el momento en que fumó un cigarro por primera vez, el paciente acepta la causa y trabaja en la sanación del conflicto.

Sin embargo es muy importante dejar una sugestión para que cada vez que conscientemente desee volver a fumar, su mente subconsciente le recuerde que no debe hacerlo.

Generalmente un paciente con una adicción arraigada al tabaco presenta ansiedad debido a que su cuerpo ya está acostumbrado a recibir nicotina y otros químicos que contiene. Por ello, podemos dejar una sugestión para disminuir ese estado ansioso del cuerpo.

Durante el estado de relajación profunda le pido que imagine que está en un elevador en el último piso de un edificio muy alto. Le digo que imagine cómo el elevador va descendiendo de piso en piso hasta llegar al sótano de ese lugar.

Le pido que imagine que a medida de que baja de nivel, la ansiedad también va disminuyendo hasta desaparecer al llegar al punto más bajo.

De esta manera cuando el paciente presenta el síndrome de abstinencia al tabaco, conscientemente recurre a esa sugestión e imagina el mismo elevador para que su mente subconsciente le mande el mensaje de disminuir la ansiedad mientras va bajando de nivel. Las sugestiones y los casos son diferentes y se usan una infinidad de herramientas para bajar la ansiedad.

A lo largo de mi carrera me ha tocado conocer personas que tienen temor de realizar una terapia de Hipnosis Clínica por miedo a que el hipnoterapeuta deje sugestiones negativas en su mente subconsciente y estas le hagan daño en lugar de hacerle bien.

A ellos les explico que una sugestión nunca es en sentido negativo. Justamente como lo expliqué en líneas anteriores cuando una persona decide llevar terapia es porque alguna situación negativa lo trajo hasta mi consultorio, de tal modo que la sugestión no puede ser negativa ya que la mente subconsciente no la aceptaria.

Las sugestiones son la forma más eficiente de tener éxito tras la terapia ya que siempre son efectivas, no fallan porque la mente subconsciente procesa de forma positiva todo lo que se le dice para lograr la armonización y el equilibrio.

En la Regresión a Vidas Pasadas resulta muy positivo dejar alguna sugestión para evitar que la situación que ha sido atendida o sanada se repita durante la vida actual.

A través del tiempo hemos ido construyendo una comunidad de terapeutas y pacientes que siempre buscan volver en cuanto están preparados para atender alguna de las otras áreas de su vida.

Como lo comenté en páginas anteriores, no son sólo personas de Nueva York, sino que mi trabajo me ha permitido viajar por diversos países organizando agendas de atención para personas que han constatado los resultados de la Hipnosis Clínica y me han llevado a sus países porque quieren que todos conozcan que existe una posibilidad de RENA-SER.

La Hipnosis Clínica me ha permitido ver cientos de historias de vidas que hoy son diferentes por haber tomado la decisión de asistir a una primera sesión. De haber aceptado afrontar lo que su mente subconsciente tiene para ellos y a partir de ahí trabajar para mejorar la vida presente.

Hasta mi consultorio han llegado políticos, empresarios, cantantes, deportistas, muchos de ellos de talla internacional, que comparten con la gran mayoría de mis pacientes y pese a su posición, la necesidad de cambiar, avanzar o incluso de volver a empezar.

Nadie dice que es sencillo. Nuestro subconsciente tiene guardada información que conscientemente no sabemos que existe. Va guardando detalles, historias, momentos, acciones, días, minutos, segundos, instantes que se convierten en la causa de lo que hoy en día nos mueve para bien o para mal.

Saber trabajar con toda esa información que nos brinda el subconsciente permite a quien se da la oportunidad de hacerlo, convertir su vida en un antes y un después. Conocer las causas de nuestra vida presente nos permite crear la vida que queremos, porque sabiendo cómo actúa nuestra mente subconsciente no habrá nada que en adelante no podamos construir.

Es decir, no habrá nada que en adelante nos impida RENA-SER.

# Capítulo VI

## ¿Para quién es la Hipnosis Clínica?

Resolver conflictos a través de la hipnosis es para toda persona que pueda responder a instrucciones. De tal forma que quienes tengan voluntad de entrar en un estado profundo de relajación y recibir instrucciones estando en el mismo, pueden entrar en estado hipnótico.

Cuando alguien llega a mi consultorio es porque tiene temas pendientes qué resolver y al buscar ayuda también ha reconocido la necesidad de cambiar patrones repetitivos en su vida. Experiencias incluso de dolor que por no haber sanado de raíz, aparecen una y otra vez.

La Hipnosis Clínica es para cualquier persona que desee resolver una situación emocional y el tamaño del conflicto dependerá de la perspectiva de cada ser humano que decide pedir ayuda.

Cuando se trata de menores de edad son los papás quienes deciden por ellos y en ese caso, aunque en ocasiones también muestran resistencia, podemos hacer terapia.

Algunos padres me preguntan si pueden estar presentes durante la hipnosis y les respondo que no porque el subconsciente se inhibe naturalmente si sabe que hay alguien más.

Siempre les menciono aquel ejemplo de cuando un amigo nos pide que digamos los errores de otro amigo ahí presente, probablemente no diremos todo lo que pensamos por temor a molestarlo, a que se sienta mal o a que se enoje.

Es por eso que por respeto al menor atendido también les pido que se retiren y nos permitan realizar la terapia de manera en que el subconsciente trabaje de forma natural.

Es entendible que en ocasiones el familiar que acompaña al niño sienta cierta desconfianza en la realización de una terapia y me piden que grabemos la sesión. Esto es posible, sin embargo no lo hago debido a que sería una forma de traicionar lo que el menor me confió durante la sesión.

Pensemos en alguien que te cuenta un secreto, el más guardado de sus secretos. Tú decides grabarlo y aunque le prometes que no le dirás a nadie, lo compartes con alguna persona cercana al tratarse de un tema delicado con el fin de que le ayude a superar lo que le aqueja.

Probablemente recibirá la ayuda que necesita pero sentirá que su confianza ha sido alterada o vulnerada toda vez que compartiste esa información que guardó con tanto sigilo.

En términos generales y respondiendo de nuevo a la pregunta de ¿para quién es la Hipnosis Clínica?, hay que decir que cuando un paciente no logra después de las sesiones de hipnosis resolver su conflicto, es que aún no era su momento.

Con esto me refiero a que cada ser humano tiene su tiempo para hacer introspección y decidir si quiere sanar o no quiere hacerlo.

En ocasiones, impulsados por una tercera persona acuden a mi consultorio y aparentemente convencidos comenzamos a trabajar. A veces resulta positivo pero en otras, no hay resultados porque no era momento de asumir y confrontar lo que debe de cambiarse para poder evolucionar.

Si, porque de eso se trata, de tener una evolución y cada quien tiene un tiempo distinto y un momento diferente para lograrlo.

Uno de los principales temores que tienen las personas y que se convierte en un obstáculo para recibir hipnoterapia es la creencia de que van a ser juzgados, criticados o señalados por alguna información que sea dada a conocer por el subconsciente durante la sesión, pero no es así.

La hipnosis no juzga, entiende. Cuando se es atendido por un profesional, no hay críticas de por medio ya que de lo que se trata es de que esa información fluya para poder sanar, de lo contrario permanecerá ahí generando malestar o situaciones incómodas.

Por más delicada que sea la situación, juzgar o criticar por algún tema que sea conocido mediante Hipnosis Clínica no es parte de una buena praxis.

# Capítulo VII

## Cuando la hipnosis no funciona

Un día en Monterrey México conocí a un hombre que llegó hablándome de su éxito, de cuánto ganaba en su empresa y de a cuántos países llegaba con la marca que había creado con tanto esfuerzo.

-Tengo una empresa que realiza productos para todo el mundo. ¿Sabe a cuántos países llega mi empresa? ¡A muchos!. Soy un hombre que todo lo que he querido lo he conseguido. No necesito pedirle más a la vida porque tengo todo lo que quiero-, me comentó.

Evidentemente era un hombre de éxito en una sociedad donde esto último está ampliamente relacionado con el dinero. Su mujer vivía como reina y se sentía orgulloso de dos de sus hijos, sin embargo tenía una profunda tristeza.

Y entonces le pregunté -¿Cómo un hombre exitoso, con dinero, con empresas en todo el mundo y con el futuro asegurado tiene tristeza?-

Parecía satisfecho pero en realidad no lo estaba. Le cuestioné ¿en qué podía ayudarle? segura de que me iba a responder que quería encontrar el motivo de su estado de ánimo.

Sin embargo su respuesta fue muy diferente a la que originalmente creí que me iba a dar: -quiero matar a mi hijo- me dijo.

Le pregunté a qué se debía tal deseo y me respondió que desde los 13 años, su hijo mayor era adicto a las drogas y tenía comportamientos que sólo lo dejaban en vergüenza a él y a su familia.

El enorme temor de que "manchara" el apellido de la familia le quitaba el sueño. Diariamente rogaba porque sus clientes no se enteraran de la historia de su hijo o que no se dieran cuenta de alguno de los desmanes que organizaba en medio de la fiesta.

La historia no era fácil de asimilar. Era el primogénito de un empresario al que le había costado mucho esfuerzo salir adelante y de una mujer que desde casa y proveída de todo, aún se preocupaba por los lugares que visitaba su hijo, los problemas o las circunstancias en las que pudiera meterse día con día.

Durante la sesión pude darme cuenta de que el empresario exitoso, tenía un conflicto no resuelto con su hijo. Un joven adulto que tomó la decisión de introducirse en el mundo de las drogas para "castigar" de algún modo a su padre por estar ausente durante la infancia.

Mientras él se concentraba en el trabajo para hacer crecer su empresa, su hijo mayor decidía "vengarse" de él provocándole el temor a lo que consideraba su riesgo más grande: dañar su reputación, su apellido y la imagen de su negocio.

Sin embargo mi paciente no lo pensaba así. Él era una buena persona y dentro de su mente consciente no existía posibilidad alguna de haberle hecho daño. Estaba convencido de haber dado a su familia todo lo que necesitaba y tenía la certeza de que no se merecía los malos ratos que le generaban las adicciones de su hijo mayor.

No se sentía merecedor de ese dolor de cabeza debido a que no fue el ejemplo que le dio a su familia. Al contrario, siempre fue una persona comprensiva y dispuesta a ayudar no solo a su madre que lo crió, sino también a su padre que lo abandonó cuando era muy niño.

Su historia era compleja. Una infancia llena de carencias lo llevó a trabajar desde muy joven por una vida como la que le prometió a su mamá cuando era pequeño.

Las circunstancias no provocaron rencor en él ya que incluso ya mayor, conoció a sus medios hermanos, hijos del padre que lo dejó solo y les ayudó a ser prósperos como él.

Digamos que sentía que su meta estaba cumplida. Buen empresario, buen hijo, buen esposo, buen hermano y él se consideraba buen papá hasta que durante las sesiones descubrió que su hijo no tenía ese mismo concepto de él.

El joven se había sentido abandonado y poco atendido, por ello había tomado la decisión de refugiarse desde adolescente en el mundo de las drogas, un mundo del que ya no quería salir.

La tristeza comenzó a sanar a través de la hipnoterapia. Fue justo con este método que este hombre fue consciente de todo lo que tenía que cambiar para transformar su realidad.

Mi paciente obtuvo las respuestas que necesitaba y supo que debía trabajar en un acercamiento con su primogénito a fin de sanar una relación difícil entre ambos.

Sin embargo el vínculo con su hijo no mejoró porque ese trabajo posterior a la terapia no lo realizó del todo y es que le era muy complicado aceptar que era él quien debía provocar esa nueva forma de vida.

Pero no es el único caso, recuerdo mucho a una mujer que un día me preguntó: -¿para qué me sirve saber todo lo que ya conocí a través de la hipnosis Ana María, si nada me ha funcionado?-.

Se trataba de una paciente que no una, sino en dos ocasiones trabajó conmigo su adicción al tabaco.

Había iniciado a fumar desde los 15 años – tenía 44 - cuando en casa enfrentaban una tragedia familiar. Su padre estaba enfermo de cáncer y su madre estaba entregada en cuerpo y alma a acompañarlo y buscar el remedio que le permitiera sanar. Al verse sola la mayor parte de las tardes, decidió refugiarse en casa de una amiga que le enseñó a fumar un cigarro tras otro.

Mientras transcurría el tiempo, colocaban las colillas en un "cono" hecho con papel periódico para tirarlas al bote de basura creyendo que con esto nadie se daría cuenta de su "travesura".

Pasaron los años y mi paciente seguía fumando cada vez más. El cigarro era su amigo, su cómplice, su confidente. Muchas de las ocasiones que en casa las cosas no iban bien, ella encendía un cigarro para que este, la acompañara en esos momentos difíciles. Se volvió su acompañante más fiel.

Lo anterior lo descubrimos en una de las sesiones donde regresó a ese momento de su vida para darse cuenta que con este vicio aminoraba la soledad.

Al paso del tiempo se casó y formó una familia con un hombre que tampoco era un buen compañero. La soledad continuaba y con ello, la resistencia a soltar a su amigo más incondicional: el cigarro.

Le dije que tomara conciencia que solo transformando su realidad podría vencer su adicción al tabaco. Solo buscando esa compañía que su alma tanto necesitaba desde adolescente iba a dejar de "necesitar" de ese otro compañero que además es nocivo para su salud.

A la fecha, ha decidido seguir en el mismo entorno y por ello, pese a tener la información necesaria para vencer esa adicción, si no está dispuesta a hacer los cambios necesarios será difícil que logre superar la necesidad de tener siempre un tabaco en las manos.

Todo es cuestión de voluntad. Si el paciente no está dispuesto a cambiar o va a iniciar terapia obligado por la familia o las circunstancias, será complejo que vea un cambio sustancial en su vida. Se necesita estar consciente y dispuesto a emplear para bien, la información obtenida en la terapia.

Algo similar le ocurrió a Juan. Era un hombre de 34 años con tres marvillosas hijas; dueño en si mismo de una capacidad impresionante para debatir sus argumentos a quien se le pusiera enfrente.

De esa manera había pasado la vida, tratando de convencer a sus padres, a su esposa y hasta él mismo, de que esa sería la última dosis, sin embargo se envolvía cada vez más en el mundo de las drogas.

El joven adulto comenzó a drogarse desde los 12 años. No fue suficiente el entorno económicamente acomodado para evitar caer en una situación que a la larga comenzó a preocupar en exceso a su familia.

Juan llegó conmigo convencido de que quería dejar las drogas pero al preguntarle la razón, siempre respondió que porque su familia era quien se lo pedía.

-Vengo porque me mandaron-, me dijo sin pudor alguno. -Dice mi familia que con esto puedo dejar las drogas, la verdad yo no quiero pero de esa manera dejarán de molestarme con lo mismo-, expresó.

Ahí supe que no había evidencia que indicara que era él quien tenía la necesidad de dejarlas.

Estaba ahí orillado por la petición de su familia y justamente por ellos era que había accedido a llegar a una sesión de hipnoterapia.

El problema que tenía era tan delicado que su cuerpo comenzaba a tener insensibilidad y una necesidad excesiva de consumir drogas. Es en este punto cuando resulta complejo resolver a través de la Hipnosis Clínica una codependencia tan fuerte como lo es la adicción a las drogas justo cuando el organismo ya depende tanto de ellas.

Es difícil pero no imposible cuando hay voluntad, pero este padre de familia lo que menos tenía era eso: voluntad, porque fue a verme obligado por las circunstancias.

Me contó de su ansiedad, de su síndrome de abstinencia cuando había intentado dejar las drogas, me platicó de todo lo que era capaz con tal de conseguir sustancias para seguir drogándose, al principio a escondidas y después más abiertamente sin importarle lo que su familia pensara o dijera.

-Desde chico he hecho todo lo que está a mi alcance para seguir drogándome porque lo disfruto. No sé por qué a la gente que está alrededor mío le molesta tanto. ¡Es mi vida!- refutaba ya muy molesto.

Cuando llegó, le comenté que el inicio del tratamiento era poner distancia de todo aquello que le representaba un riesgo de recaer. Las amistades, los lugares, los centros de diversión, las actividades que lo llevaran al consumo de drogas, pero no fue posible.

Su esposa, quien acudió conmigo a terapia, me contó que su necesidad llegaba a tal grado que si salían de vacaciones ella se quedaba con los hiijos en el cuarto de hotel encerrados mientras él se perdía durante dos o tres días. Luego regresaba intoxicado lo que derivaba en una pelea familiar que las menores no tenían por qué vivir.

Vale decir que tampoco era la primera vez que su familia le pedía que tomara un tratamiento. Ya en algunas ocasiones a veces con su consentimiento y otras sin él, lo habían llevado a un "anexo".

En México los "anexos" son lugares a donde llevan a las personas con adicción a las drogas para desintoxicarlos. Los métodos de trabajo de estos lugares han sido cuestionados en los últimos años por las autoridades ya que desde el ingreso, en algunos de ellos los tratos no son los más adecuados.

Sin embargo el estado en el que llegan muchos de los ahí recluidos, lleva a los responsables de los "anexos" a tomar decisiones sobre el trato para los internos, mismo que en ocasiones deriva en violaciones a los derechos humanos, golpes para menguar el síndrome de abstinencia y muchos otros "métodos" que quienes los han vivido los describen como tormentosos.

Pues a Juan lo habían llevado en varias ocasiones "anexado" y no había sido esa la solución. Cada intento parecía que lo alejaba más del objetivo final.

Cuando llegó a terapia conmigo de inmediato supe que no tenía ganas de salir de las drogas, por lo que al cabo de las tres sesiones y de dejarle las sugestiones pertinentes no se logró un resultado exitoso.

Con él reiteré que cuando una persona no tiene voluntad o acude a terapia porque "tiene qué" ir, no logra el cambio de raíz que se requiere hacia a una vida más placentera y en evolución.

Por lo tanto quienes no han tomado la determinación de resolver a sus conflictos, no son candidatos a la hipnoterapia.

Asimismo quienes tienen Alzheimer o que han experimentado en algún grado la pérdida de memoria o cualquier otra condición que no les permita seguir instrucciones, no pueden ser parte de la terapia ya que para ello se requiere seguir las indicaciones dadas en el estado de relajación.

Cabe mencionar que en el idioma natal será mucho mejor realizar hipnosis ya que es el primer idioma que registró el subconsciente de la persona.

Mucho me han preguntado si se puede realizar hipnosis por alguien más y la respuesta es no. Y es que cada paciente tiene guardada en su mente subconsciente información que será de vital importancia para mejorar lo que le aqueja.

Eso mismo le dije a una mujer que fue a verme en una de mis visitas a Monterrey en México. Mujer de negocios, empoderada – como le llaman ahora – exitosa en su trabajo y en su carrera profesional. Estaba trascendiendo en su círculo social y político a través de puestos importantes que le permitían estar en contacto con muchas personas.

La situación económica para ella no era problema ya que tenía dinero suficiente para viajar, conocer el mundo, comprarse todo lo que ella quisiera e incluso para realizarse cirugía tras cirugía con el fin de amoldar su cuerpo de 64 años.

Pese a tener una vida aparentemente perfecta vino a buscarme porque al interior de su familia había asuntos que resolver. Ella como buena matriarca, se sentía responsable de mejorar aquellas situaciones que estaban alterando la armonía de sus hijos y sus nietos.

Tras una serie de sesiones, descubrimos que ese entorno que ella consideraba adecuado, estaba trastocado por un abuso dentro de la familia. Su nieto abusaba de su nieta. Un joven que aparentemente lo tenía todo pero que llevaba un récord académico de expulsiones, problemas escolares y mal comportamiento en las aulas.

Pronto esa realidad llegó hasta el interior de la familia y fue justo por eso que su abuela fue hasta mi consultorio.

Ella propuso que solucionáramos el conflicto mediante sesiones de hipnosis para su hijo pero a través de ella, ya que las veces que requerimos al papá del muchacho, argumentó que no tenía tiempo de atender el llamado.

-¿Y si me hipnotizas a mí en vez de hipnotizar a mi hijo? ¡Puedo yo hacerlo por él!- me dijo esperanzada.

-No es posible,- le dije. No podemos incidir en el subconsciente de otra persona, es por eso que todo debe ser de manera individual.

Nuestra mente subconsciente guarda recuerdos que son propios. Son nuestras vivencias y emociones que no pueden ser recordadas por una tercera persona durante una sesión.

Aunque la abuela quiso resolver la situación que le inquietaba, esto no pudo ocurrir al menos por ese momento porque no hubo voluntad de las partes involucradas. En ese sentido siempre le hago saber a mis pacientes que un problema que no se resuelve se aloja en nuestra persona y se va presentando de manera cíclica hasta que no queda del todo atendido.

Ante estos casos que he platicado seguramente se pensará... ¿Entonces quien no tiene voluntad no tiene esperanza de cambiar? La respuesta nuevamente es no.

Puedo decir que pese a ello hay quienes logran cambiar su parecer ante circunstancias que aparecen en su vida que los "sacuden" y los llevan a tomar la decisión. Pero siempre deriva de una decisión personal.

# Capítulo VIII

## Hipnosis y Ansiedad

Así, con esas dudas de ¿cómo se realiza una sesión?, llegó a mi consultorio un hombre que buscaba poner fin a las terribles pesadillas que lo acompañaban cada noche y le impedían dormir.

-Vengo porque he ido con psiquiatras, psicólogos, doctores y nada me ha funcionado. Incluso, uno de los especialistas que visité me dijo que sólo usted me podía ayudar. ¿Podrá hacerlo cuando ya he intentado de todo?-, me preguntó.

-Trabajaremos en ello-, le respondí.

Una vez aclaradas las dudas me contó la historia que era el origen de su malestar.

-Maté a mi hijo y eso no me deja dormir pero no me arrepiento- me dijo tajante y efectivamente sin arrepentimiento.

Le pedí que me lo repitiera porque no estaba segura de haber escuchado bien y fue cuando vino por segunda vez la misma respuesta: -Maté a mi hijo y vengo para que usted me ayude a poder conciliar el sueño, porque desde que lo hice, no puedo dormir como yo quisiera-.

El hombre vivía en Yemen, un país donde está prohibida la homosexualidad y razón por la cual tomó la decisión de asesinar a su hijo. Consideró que con esa acción evitaba que fuera la comunidad quien se ensañara con él a causa de sus preferencias sexuales. Me platicó que por su amor de padre lo llevó a una montaña desde donde lo empujó para que perdiera la vida.

Ocho años habían pasado y el momento en que su hijo murió al caer al vacío no le permitía dormir. Noche tras noche recordaba esa escena en la que decidió quitarle la vida al joven, una vida que él mismo le dio.

-¡Si yo no lo mataba, lo iba a matar la sociedad!-, me decía una y otra vez.

En ese momento entendí que él no llegó hasta mi consultorio para eliminar la culpa por el crimen de su hijo porque estaba consciente de que había hecho lo correcto. Él sólo buscaba eliminar las pesadillas que le recordaban aquel momento del que no estaba arrepentido.

Llegamos al estado de relajación profunda y el hombre comenzó a recordar.

-Le pedí a mi hijo que me acompañara, no le he dicho para qué, sólo le pedí que se fuera comigo- dijo mientras su ojos mostraban cierto movimiento.

Luego de unos segundos continuó.

-Ya llegamos, estamos en la parte baja de una montaña... Le he pedido a mi hijo que se baje del auto. Me dice que por qué lo he llevado hasta ahí y le contesto que confíe en mí, que baje y que me acompañe a la cima....- Dijo jadeante.

-¿Qué hace él?- le pregunté.

-Él baja del coche en el que llegamos a ese lugar. Confía plenamente en mí... ¡No quiero hacerlo pero si no lo hago yo, lo va a matar alguien más y no quiero provocarle este dolor!- me decía.

-¿Él adivina lo que vas a hacer?- insistí con mis preguntas.

-Está desconcertado pero aún así no se imagina a qué vamos a la cima de la montaña.... Ya estamos escalando, lo hacemos despacio... Llegamos finalmente a la punta. ¡No sé si lo vaya a poder hacer!- decía.

El hombre se exhaltó a tal grado que tuve que poner mi mano en su frente y recordarle que él ya había vivido ese momento, que no era necesario remover todo el cúmulo de sentimientos en este instante, le pedí que dejara de sentir aquel dolor de la despedida.

-¿Qué más ves?- le dije

-¡Mi hijo se da cuenta, me ruega, me dice que lo perdone, que no sabe por qué su cuerpo reacciona de esa manera, pero me promete que hará el intento por cambiar. Me implora que no lo mate y me dice de nuevo que no es su culpa... que es su cuerpo el que es así... me promete que lo va a controlar!- dice jadeante.

Vuelvo a poner mi mano en su hombro para recordarle que él es solo un espectador de ese momento y le pregunto de nuevo: -¿Qué más ves?-.

-Ya está todo dicho, mi hijo cierra los ojos en señal de aceptación y finalmente lo empujo. ¡Ahí murió, ahí acabó todo, así no lo lincharán públicamente, le he explicado que así es mejor, le dije que así es mejor, ya todo se terminó-.

Tras una serie de sesiones en las que trabajamos con su subconsciente el resultado fue exitoso. El hombre logró dormir sin remordimiento, transformó la culpa en responsabilidad, la sanó y finalmente logró un sueño reparador.

Fue a través del perdón como se logró el objetivo. Obtuvo el resultado positivo que buscó durante mucho tiempo a través de distintos métodos y doctores, sin llegar, hasta ahora, a poder eliminar las culpas para poder volver a empezar.

No fue sencillo, pero pude identificar a una persona desesperada que había acudido en esos ocho años a todo tipo de terapia psicológica con el fin de lograr un poco de paz sin conseguirlo. Luego de nuestras sesiones de hipnosis pudo resolver aquello que internamente no lo dejaba vivir.

Otro caso de ansiedad es el de un hombre que se encontraba de vacaciones en Nueva York, él era de Ecuador y mientras se encontraba en Estados Unidos encontró un anuncio de Hypnosis with Ana Maria". Me contactó para decirme que estaba dispuesto a suspender sus vacaciones si le ayudaba a poder volver a dormir.

No sólo el insomnio le acompañaba sino que también tenía pesadillas que no le dejaban descansar.

Buscando ayuda un médico le recetó Rivotrill, pero ya había llegado a un extremo donde ni esas pastillas le permitían tener calma y mucho menos sueño.

Le expliqué que necesitaba mínimo tres sesiones para poder tener un mejor resultado y decidió suspender todos sus paseos por Nueva York para darse una oportunidad de mejorar y lo logró.

A su regreso a Ecuador le contó a toda su familia, amigos y personas cercanas de los resultados de la terapia y al cabo de dos meses me llamó para decirme que tenía varias personas interesadas en la terapia y que me ayudaría para programar una agenda en su país.

Desde entonces, voy una o dos veces al año hasta ese lugar donde la cantidad de vidas que se han transformado a partir de la Hipnosis Clínica son ya incontables.

Lo que hemos hecho es resolver problemáticas presentes a partir de la hipnoterapia con resultados exitosos.

Con la agenda fuera de Nueva York la posiblidad de sanar a más personas ha sido extraordinaria porque también me ha permitido saber que justo ahí donde alguien necesita de apoyo es a donde la vida me ha llevado.

Así me encontré con Iris, una mujer con cuadros de ansiedad severa, cuya historia demuestra que estamos en el lugar indicado y en el tiempo indicado para nuestra evolución.

Trabajaba como jefa de compras de una importante empresa con actividades que la mantenían ocupada prácticamente de noche y de día. El estrés provocó que su estabilidad emocional se pusiera a prueba porque ya no conciliaba el sueño, no podía permanecer tranquila y más aún, tenía cuadros de angustia tan recurrentes que ya no la dejaban estar en paz.

Todo lo magnificaba. Si estaba en un semáforo sentía que la venían persiguiendo, si salía de la casa y llovía pensaba que podría inundarse la ciudad, si iba a un centro comercial pensaba que le podrían robar a sus hijos y corría desesperada al coche para ponerlos a salvo, en fin, estados ansiosos que comenzaron a incidir en todo su entorno familiar.

Sus dos pequeños hijos notaban que su mamá no era la misma ya que además, constantemente se enfermaba y sin motivo aparente. Debido a ello, un día tuvo que tomar una decisión: dejar de trabajar y el cuadro empeoró.

Acudió a terapia conductual buscando ayuda donde le recetaron medicamento para disminuir sus niveles de ansiedad pero poco fue el resultado ya que no dejaba de sentirse mal.

Un día el hijo de Iris tomó su teléfono celular y agregó una serie de páginas en las que se encontraba Hipnosis con Ana María y fue así, como si se tratara de una extraña casualidad de la vida, que se dio nuestro primer contacto.

-Pero está muy lejos, en Nueva York- pensó en voz alta esta mujer de 35 años mientras veía la figura del Arcangel Miguel que tenía en la entrada de su casa.

-Ojalá que Ana María viniera a México, para poder ir con ella porque estoy segura que ella me va a ayudar a curar mi ansiedad-, dijo de nuevo dirigiéndose al ángel como si este entendiera o como si él le fuera a dar una respuesta a su petición.

No habían pasado ni 3 horas cuando al ver de nuevo las redes sociales, encontró abriría una agenda en el Estado de México y no sólo eso, sino que el lugar de las terapias sería muy cerca de su casa.

Rápidamente llamó para apartar lugar y vino una nueva coincidencia: ¡la tía de su mejor amiga era quien respondía las llamadas al ser la asistente en la agenda de Toluca, Estado de México.

Aún sin creerlo por la serie de coincidencias que hubo en torno a este primer encuentro, apartó sus primeras tres sesiones y comenzamos a trabajar.

Iris, llegó a mi consultorio desesperada por la ansiedad.

Buscando la causa, primero regresamos al vientre de su madre donde pudo encontrar que no fue una niña deseada por lo que su mamá se sentía angustiada durante la gestación.

Ahí soltó esos sentimientos que había tomado como suyos desde el vientre materno para generar condiciones de mayor paz en la actualidad.

Iris había sido abandonada por su padre desde pequeña, por lo que también fue necesario ir al momento en que su alma y la de su papá se encontraron para que él le explicara el por qué se había ido. En medio de ese acuerdo de almas, el hombre le explicó que en esta vida él estaría presente para que ella aprendiera de esa experiencia y que pese a no poder estar juntos, nunca olvidara cuánto la amaba. A partir de ahí vino un perdón que generó un alivio reconfortante.

Al perdonar se sintió más tranquila, ya que desde pequeña se preguntó por qué sus padres tenían que estar separados y más aún, por qué su papá no la tomaba en cuenta ni le demostraba su amor.

Despúes de esa experiencia se sintió contenta al saber que su padre sí la amaba y ahora puede platicar con él sin problema alguno y sobre todo, sin rencor.

Pero no era todo lo que tenía, el origen de la ansiedad de Iris estaba en otro lado y había que descubrirlo así que decidimos hacer una Regresión a Vidas Pasadas.

La posibilidad que tuvimos de ir de una vida a otra se debió a la necesidad que tenía su subconsciente de tener tranquilidad. Fue ahí que Iris descubrió que en todas sus vidas pasadas existía un común denominador: había sido bruja, curandera, sanadora, sacerdotiza y tenía personalidades que ayudaban a los demás.

Iris se dedicaba a repartir luz de colores a las personas para eliminar sus padecimientos, enojos, frustraciones, enfermedades y cuanto mal existiera en ellas. Con la mano izquierda recibía sus males y con la derecha las llenaba de luz.

Esta era la práctica de sanación que utilizaba para hacer el bien a los demás, una práctica que aparentemente no tenía nada de malo, sin embargo en una de las regresiones descubrimos que se llenaba de la energía negativa que tenían las otras personas pero no se deshacía de ella.

Permitía la entrada pero no la salida. Daba permiso de sanar pero no se sanaba a si misma de los males recibidos. Autorizaba la entrada de energía pero no la sacaba por ningún lado.

¡Estaba ahí el motivo de su ansiedad actual!.

Cada alteración que tenía en el presente representaba un recuerdo no de una, sino de varias de sus vidas anteriores donde por cierto, generaba tal incomodidad con sus actos de sanación que siempre terminaba asesinada.

A Iris la quemaron viva y la ahorcaron al creerla bruja. Durante la hiponsis tuve que recordarle que sólo era una observadora ya que sentía cómo el fuego consumía su cuerpo y la sensación de dolor y ardor eran completamente vívidas.

Ella no estaba sola, tenía una maestra llamada Hipólita. Durante el encuentro entre ambas en una vida anterior, Iris le reclamó a su mentora el por qué no le había ayudado a sellar su mano izquierda para impedir el paso de energías negativas. Los reclamos fueron serios.

-¡No me dijiste cómo limpiarme, no me sellaste la mano para evitar entrada de energía negativa!-, gritaba.

Le pregunté si reconocía a Hipólita en esta vida y mi sorpresa fue extrema cuando escuché: -Sí, eres tú y vamos a estar juntas hasta que yo ya no te necesite-.

¡Eso explicaba todo!

Era el motivo por el cual llegué desde Nueva York tan cerca de su casa justo en el momento en el que más necesitaba atender su ansiedad.

Fue así como sellamos finalmente su mano en cada una de sus vidas anteriores y eliminamos cualquier recuerdo de ansiedad de aquellos momentos en su vida actual.

Una vez logrado lo anterior, fue sorprendente cómo Iris pudo sentirse mejor desapareciendo casi por completo la angustia, la opresión y la ansiedad. Los cuadros donde se quedaba sin respirar, los dolores en el pecho, el hormigueo en la cara, la parálisis de las piernas, también se fueron. Además dejó de enfermarse cotidianemente.

La energía que no le correspondía comenzó a fluir a tal grado que en vez de ser ella quien enfermaba de todo, ahora fueron las personas de su entorno quienes comenzaron a enfermar porque ya no había quien absorbiera su energía.

Iris y yo nos volvimos a encontrar y fue una muestra más de que cuando las personas tienen misiones inconclusas, será en una vida futura donde se encontrarán para terminarlas.

Tan es así, que del Estado de México ella se mudó a Salamanca aún con muchas preguntas por resolver. Este pequeño municipio del centro de México hacía más lejana la posibilidad de volvernos a encontrar.

-Ojalá Ana María volviera a México para seguir trabajando con ella todo lo que aún me inquieta- volvió a decirle a su ángel. Y fue ahí cuando una vez más la vida la sorprendió.

Al abrir sus redes sociales encontró que pronto estaría en Irapuato, Guanajuato; una ciudad a 18 kilometros de distancia de donde ella se encontraba actualmente.

En una, en varias, en las siguientes vidas, pero siempre nos encontramos con almas que necesitan de nosotros o nosotros de ellas para evolucionar.

Esa es la lección que me dejaron las sesiones realizadas con Iris, una mujer que poco a poco ha ido recuperando su tranquilidad y que me ha dejado claro que siempre estaremos juntas hasta que ella, ya no necesite más de mi presencia.

# Capítulo IX

## Hipnosis para sanar la pérdida de una mascota

He atendido a personas que tras la pérdida de su mascota sienten un vacío profundo, una depresión insostenible y una tristeza que ya no les deja seguir adelante.

Con ellos he trabajado el duelo y en ocasiones hemos necesitado entre cinco y seis sesiones para sanar la pérdida. Una pérdida que para ellos fue trascendental y que se presenta para manifestar algunas otras heridas que salen a la luz a partir de esa nueva experiencia.

En alguna ocasión atendí a una mujer que al perder a su mascota comenzó a tener estados de depresión profunda que era necesario tratar.

Había decidido adoptar a un perro cuya compañía se tornó en imprescindible al paso de los días. Acababa de perder la matriz y aunque a nivel consciente ella no lo tomaba de esa manera, sustituyó la necesidad de ser mamá con la atención que le daba a su mascota.

Se había casado con un hombre que compartía con ella la Arquitectura como profesión y el amor por el animalito. Él viajaba mucho y por ello el perro se convertía en su compañía durante todos esos ratos donde su marido no estaba en casa.

Un día estando los dos juntos, decidieron sacar a pasear al animal tal y como ella acostumbraba a hacerlo en algunas tardes.

-¿Por qué no le quitas el collar, seguro se sentirá más libre y podrá jugar con más entusiasmo. Déjalo ir a ese paradero que está aquí mismo-, dijo el esposo de nombre Alberto, al tiempo que señalaba el sitio especial para mascotas que hay en varios parques de Nueva York.

-¿Y si se pierde, si le pasa algo, si se echa a correr?-, dijo Karla, mi paciente.

-Tranquila, no pasará nada, nosotros estamos aquí para atenderlo-, contestó su marido.

Finalmente así lo hizo y Karla soltó a su mascota quien no tardó en correr al paradero a convivir con otros animalitos de la cuadra.

Karla y Alberto se concentraron en platicar de sus actividades, ponerse al día del último viaje de él y del próximo proyecto de ella. Estaban sentados en la banca del parque cuando escucharon un grito desesperado, salido de la nada pero notablemente presente como para poder escucharlo:

-¡Su perro, su perro se va! -se escuchó.

Karla volteó al lugar donde se encontraba su mascota pero ya no la vió. En consecuencia, sólo vio al pequeño chihuahua correr tras los autos para evadir el sonido de la alarma de un vehículo con el que se había asustado.

-¡Espera, no corras, espera!- gritaba Karla desesperada mientras corría tratando de alcanzar al animal. Alberto la seguía a paso veloz cuando ambos tuvieron que detenerse en el momento en que un camión, de esos enormes que usualmente están prohibidos en avenidas pequeñas, pasó por encima de la mascota.

El ruido se escuchó seco. La muerte fue instantánea.

Karla se acercó al lugar donde su fiel amigo la esperaba agonizante. -¡No te vayas, no me dejes!, gritaba la mujer desgarradoramente, pero el animal ya no pudo escuchar las súplicas pues desafortunadamente falleció.

-¡Ves lo que conseguiste-! le gritaba a Alberto muy enojada y dolida. Los problemas para el matrimonio iban comenzando.

Pese a que los servicios de emergencia llegaron, nada se pudo hacer por la mascota.

De inmediato vinieron las culpas. Ella señalaba a su esposo como el responsable del daño provocado al animal al haber sugerido pasearlo sin collar.

Tal y como sucede cuando una de las áreas de la vida sale de balance, el matrimonio comenzó a tener problemas entre sí, ella fue despedida de su trabajo, su visa laboral en Estados Unidos estaba ahora en la incertidumbre y para colmo, tenía una depresión profunda por la pérdida de su única compañía.

Cuando vino a verme lo primero que hicimos fue trabajar con la pérdida. Lo que trajo consigo la Hipnosis Clínica fue una serie de circunstancias de su vida que salieron a flote a partir de esta experiencia.

Y es que la primera pérdida que aún no estaba sanada fue la de su papá quien cuando ella tenía 12 años se suicidó.

Esa era la pérdida que mi paciente no perdonaba en realidad. Había un enojo no resuelto con su padre y su decisión. Justo por eso, la muerte de su mascota representó para ella la oportunidad de sanar la relación con la figura paterna y perdonar su decisión de quitarse la vida.

Nada de lo que nos pasa es circunstancial. Todo aparece por una razón y en este caso, la decisión de adoptar una mascota, amarla, darle un lugar prioritario en la familia y la posterior pérdida, cobró un especial sentido al saber que el Chihuahua vino a su vida para sanar la relación con un padre a quien no le perdonaba su partida intempestiva dejando emproblemada a su madre y a sus hermanos.

Llegamos a la primera sesión. Le pedí que contara del uno al diez pensando que cada uno los números representaban un escalón rumbo a una puerta localizada en una parte baja. A medida que descendía de nivel, le instruí a que debía entrar en un estado de relajación más profunda hasta que finalmente llegamos al lugar que su subconsciente decidió.

-¿Dónde estás?- pregunté.

-Estoy en mi casa, estoy arreglándome para ir a una fiesta de XV años. Me estoy maquillando, ya casi es tiempo de irnos. Papá me dice que me espera en el auto, él me va a llevar.-

-¿Ves algo inusual?- cuestioné.

-Papá está callado, muy callado. No es normal en él. Quiero platicar y no me responde, luce perdido, metido en sus pensamientos- me dice como intentando adivinar las emociones de su padre. -Llegamos al lugar de la fiesta, le doy un beso en la mejilla y él me acaricia la cabeza. Cuídate, me dice. Cuídate mucho y se va.- me dice desconcertada.

-Vamos a otro momento- le digo.

-Estoy en la fiesta, llega una amiga de la familia hasta donde estoy. Es raro porque no la espero y no viene vestida como invitada. Llega hasta mi y me dice que nos vayamos, que en casa me esperan-.

Respira, se acomoda en el sillón y retoma el relato.

-¡Mi papá se suicidó!, ¡mi papá se murió!, me lo dijo la amiga de mamá antes de subir al auto. ¡Mi papá se suicidó!- gritó aterrada.

Puse mi mano en su hombro, le dije que el dolor correspondía a esa etapa de su vida y no tenía por qué volver a vivirla. Le pedí que fungiera como observadora de lo que había ocurrido y llegó luego hasta la sala de su casa donde la esperaban su madre y hermanos para reiterarle la noticia. Su padre había muerto y a cambio, había dejado una carta para la familia contándoles el por qué de su decisión.

Al darse ese balazo, el hombre dejó en estado de indefensión a sus hijos pero en primera instancia a su esposa que sin haber trabajado nunca, tuvo que salir al frente de la familia para pagar las deudas y sacar adelante a sus hijos que se quedaban sin papá a causa de esa tragedia.

Durante esa sesión Karla lloró la pérdida y volvió a sentir el enojo que le provocaba ver a su madre salir al frente de la casa, de sus hermanos y de la vida misma para no sumirse por la muerte de su marido.

En nuestras sesiones pudimos volver al instante en que un poco más tarde, su mamá decidió tener otra pareja y regresamos a que ella recordara el sentimiento que le provocó saber que no estaba de acuerdo con el nuevo esposo de su madre.

Pudo reconciliarse con el momento en que mientras estudiaba en el extranjero, sufría porque su mamá no le llamaba por teléfono y entendió que su madre estaba molesta por el rechazo que tuvo a su decisión de volverse a casar.

Su mente subconsciente la llevó en algunas sesiones a todos esos momentos donde volvió a ser niña en un sofá pero también a ser la adulta que perdona, que sana, que comprende las diversas etapas que la vida ha tenido para ella con el fin de enseñarla a madurar y por ende a aprender.

Es importante decir que la gran parte de las veces un paciente que acude a buscar ayuda profesional es por un “espejeo”. Le conocemos de esta forma a situaciones que la persona vive y la hacen reaccionar de manera consciente a ello, aunque en realidad se trata de otro problema que busca ser resuelto porque ha estado presente desde muchos años atrás.

Es decir; lo que nos pasa en la vida diaria normalmente es un reflejo de lo que nuestra mente subconsciente guarda, algún tema que llegado el momento busca salir a la mente consciente a través de hechos que obligan a hacer una pausa en el camino para ser atendidos. Esto trae como consecuencia que la herida actual (por llamarla de alguna forma) lleva a sanar una herida anterior.

Mi paciente logró por medio de la hipnoterapia llegar al estado de perdón, sanación y paz que su alma estaba esperando. Poco a poco sus conflictos maritales y económicos se fueron resolviendo. El embudo que impedía que las circunstancias favorables fluyeran hacia ella también fue desapareciendo a grado tal que la volvieron a llamar de su mismo trabajo, con lo que su estatus migratorio también quedó resuelto al poco tiempo.

Trabajar en sanar la pérdida de una mascota es una de las cuestiones por las que muchos pacientes van a mi consultorio incluso antes de que ésta haya partido. Tal es el caso de Natalia y su relación con Ciruela.

Ciruela es una boxer que ha desarrollado una relación de fraternidad y mucho amor con Natalia. Aunque apenas va a cumplir nueve años, pareciera que está lista para partir pero su dueña se resiste a que esto suceda.

Natalia vivía presa de angustia pensando en el momento en que Ciruela dejaría este mundo y el dolor que eso generaba no le permitía llevar una vida normal. Los estados de ansiedad eran cada vez más constantes a tal grado de que estando fuera de casa, llamaba una y otra vez a los cuidadores de la pequeña boxer para ver cómo se encontraba mientras ella se iba a trabajar.

La mascota había adquirido una alergia luego de un parto que tuvo a los cuatro años de vida. Su condición de mamá la convirtió en un animalito poco resistente a los olores fuertes sobre todo a aquellos que desprendían los limpiadores de pisos.

Al sentir el aroma Ciruela comenzaba a rascarse a tal grado de dejarse fragmentos de su cuerpo a flor de piel generando irritación, mal olor y evidentemente sufrimiento.

Natalia la cuidó de cada una de sus heridas e incluso la llevó todas las veces que fuera necesario al veterinario además de que le aplicó todos los remedios que le sugerían le hiciera a su mascota.

A la par de la alergia, la boxer desarrolló un tumor que los doctores diagnosticaron como cáncer generando en Natalia un dolor indescriptible ante las escasas esperanzas de vida que le dieron al animal.

No fueron pocas las personas las que dijeron a la joven que permitiera que Ciruela fuera sacrificada para eliminar su sufrimiento pero ella se resistió una y otra vez.

Fue hasta que un día, cargada de dolor por ver a su perra sufrir, acudió con una veterinaria para conocer un nuevo diagnóstico de Ciruela y sobre todo saber si de verdad ya no había más opción.

Natalia había resuelto que si la doctora le señalaba que su compañera ya no tenía cura, entonces permitiría que la sacrificaran y así fue. Ciruela ya no tenía remedio y la veterinaria aceptó aplicar la inyección correspondiente.

Sin embargo esto no se pudo concretar ya que la doctora le pidió a Natalia que estuviera presente durante el momento en que la boxer dejara este mundo lo cual resultó completamente imposible.

¡Natalia no estaba preparada para ver a su perrita partir!

De esta manera la joven regresó a vivir con su animal a la casa de sus padres con sentimientos encontrados: por un lado alegría porque Ciruela seguía con vida pero por el otro tristeza porque el dolor hacía que su calidad de vida no fuera la mejor.

En ese estado vivía Natalia: triste por el estado de salud de su mascota pero consciente de que debía dejarla partir.

Cuando me llamó le dije: -Tenemos que trabajar la resistencia que tienes a dejar partir a Ciruela- y así lo hicimos.

Durante su primera sesión, Natalia me contó que su perrita seguía muy enferma y tal parecía que no quería morir: –Me lo dicen sus ojos, no se quiere ir-, me decía.

Lo que era un hecho es que para Natalia pensar en el momento de la despedida comenzaba a tornarse en un tema sumamente complicado que traía consigo momentos emocionales muy difíciles.

Angustia, depresión, soledad, infinita tristeza y mucho temor era lo que sentía la joven originaria de Pénjamo, Guanajuato; un municipio al centro de México.

Le pedí que fuera consciente de que teníamos que trabajar en el desapego para iniciar con el proceso de despedida y aceptó.

-Imagínate a Ciruela feliz, como cuando era pequeña. Imagínate ese cachorro que llegó a ti y visualiza el primer momento en que estuvieron juntas.- le pedí.

De inmediato Natalia comenzó a sonreír.

-Ciruela está feliz, está muy contenta, me abraza… apenas cabe en mis brazos cuando la cargo, está muy chiquita- me dijo mientras evocaba esos primeros encuentros con su mascota.

-Ahora visualízala en el final, como si fuera la despedida- le pedí.

Tras un silencio donde puedo decir que el dolor se sentía en el ambiente, Natalia me dijo que había llegado al momento de ver a su mascota partir.

-Está lista para irse, yo no quiero… sus ojos están muy pero muy tristes, muy cansados- decía mientras comenzó a llorar.

Le pedí que no permitiera que la emoción la dominara y tras tomar calma siguió narrándome.

-Ciruelita ¿cómo estás?-, le dijo Natalia a su mascota.

Esperé un poco para que se diera este nuevo encuentro y acto seguido la joven me dijo que Ciruela ya no quería seguir adelante. –Me mira como diciéndome que debemos estar bien las dos, pero ... pero que ya la deje descansar-.

-Hay un señor, veo un señor, está cerca de Ciruela- me dijo.

–Tiene una vara que levanta hacia un lado y al otro como si fuera un bastón gigante. Tiene mucho movimiento, está caminando junto a ella y no se paran, siguen caminando-Ahí le comenté que estábamos frente al ángel de Ciruela, ese ángel que tienen todos los animales que vienen a dar paz y tranquilidad a los seres humanos que conviven con ellos.

-Cuídame mucho por favor a Ciruela, cuídamela por favor y dile que estoy lista para dejarla ir - le dijo Natalia al ángel.

Para cuando esto estaba ocurriendo, Natalia se mostraba más tranquila, menos inquieta y con una calma que se notaba en su rostro y en sus movimientos ya que el encuentro con el ángel le valió para saber que su mascota estaría tranquila.

Terminamos la sesión luego de esta serie de sentimientos encontrados que se generaron durante toda la terapia y le dije que se dirigiera a casa a buscar a su perrita. Le pedí que cuando estuvieran juntas, comenzara a agradecerle todo lo que había hecho por ella y que a partir de ahora no olvidara nunca ese ritual de agradecimiento para que la perrita supiera que era momento de partir.

Desde entonces, Natalia y Ciruela se abrazan preparándose para la despedida pero ahora en lugar de angustia, la joven le inyecta a la perrita una sensación de tranquilidad que se percibe y que permite que cada día que pasa, se convenza de que su ama y compañera fiel estará bien ante su ausencia.

Los animales perciben esas angustias y las absorben, de tal modo que era muy probable que la pequeña boxer no quisiera morir, a pesar del dolor provocado por su enfermedad, al sentir a su dueña profundamente triste por su estado de salud.

Ciruela necesitaba recibir una energía de mayor tranquilidad de parte de Natalia para decidir dejarla y dejar de sentir tanto dolor provocado por el cáncer.

Ciruela no ha muerto al momento de escribir este libro, pero Natalia y ella cada vez están más preparadas para la despedida.

Ciruela está llena de energía más positiva, con menos dolor y más tranquilidad.

Natalia está con más entendimiento de que en esta vida nada es para siempre y se ha vuelto consciente de que ese vínculo tan fuerte que desarrollaron ambas, seguro en otro plano volverá a aparecer.

Las crisis de angustia se han convertido en aceptación por parte de Natalia y cada vez más se prepara para el desprendimiento de su pequeña mascota de la que ya se despidió y agradeció todo el bien que le regaló.

# Capítulo X

## Hipnosis y Codependencia

También he recibido personas que llegan en medio de relaciones de codependencia muy fuertes que los lleva a estados emocionales que no les permiten avanzar.

Un día llegó a mi consultorio una mujer exitosa, una abogada que tenía un conflicto serio de dependencia emocional a su pareja.

Como le ocurre a mucha gente en la actualidad, conoció a su novio en una aplicación que permite encontrar personas afines de acuerdo a sus intereses, circunstancias, nacionalidad, gustos, necesidades, etc.

Era una mujer que un día decidió entrar a esta App para encontrar el amor y lo encontró. O al menos eso parecía.

En tan sólo un mes llenó el vacío emocional que la llevó a buscar inscribirse en esa herramienta tecnológica. Conoció a un hombre que de momento llenó sus expectativas. Un hombre que sin embargo, sólo buscaba sexo y no una relación formal.

Ella era mamá soltera desde los 18 años, situación que le valió para que en su casa materna fuera cuestionada su vida y su modo de pasarla.

A pesar de ser una profesional exitosa y una madre entregada a su hija, buscó en el hombre que conoció por internet una relación estable a la que no le dio tregua.

Los primeros encuentros no fueron problema pero cuando el hombre reveló con su actitud sus verdaderas intenciones, comenzó la necesidad de buscarlo, escribirle, exigirle que le contestara los mensajes, stalkearlo por redes sociales, mandarle mensajes instantáneos prácticamente todo el día y si el Whats App le revelaba que la había leído pero la había dejado en "visto" comenzaba a tener profundas depresiones y estados de ansiedad que la dejaban sin aliento.

Pese a que los signos de una relación tóxica estaban sobre la mesa, la mujer justificaba a su pareja por todos y cada uno de los desaires que le hacía.

-Trabaja todo el día y no tiene tiempo de responder-, se decía.

-Me leyó y quizá iba manejando por eso no tuvo tiempo de contestarme-, volvía a decirse a si misma.

-Debo ponerme en sus zapatos y comprender que así es él, poco cariñoso, poco sociable, no le gusta que lo cuestionen, nuestra relación funcionará en la medida que yo entienda lo anterior-, se repetía.

Pero no era ninguna de las cosas anteriores las que generaban que su pareja no le llamara. Por mucha empatía que mostrara, no había poder consciente que lograra un cambio de actitud en él y ella seguía aguantando.

Durante las sesiones trabajamos el desapego, los estados de asfixia que le generaba el no tener noticias de su novio o el que no le llamara por teléfono.

Lo que a ella le aquejaba estaba empezando a tomar dimensiones de riesgo para su vida y su familia. Dejó de manejar e incluso de ser productiva ya que comenzó a perder los casos que como abogada llevaba por llegar tarde a los juzgados debido a que se encontraba persiguiendo al "amor de su vida" a fin de encontrar algún signo que le diera certeza de que la amaba. Una certeza que no llegó.

Y es que al contrario, lejos de entenderla, él se separaba cada vez más. Los malos tratos eran también cada vez más recurrentes y su comportamiento sólo llevaba al hombre en cuestión a decirle una y otra vez: -¡Estás loca!. "¡Estás loca!-.

A través de la terapia llevamos a nivel consciente el cómo manejar todas esas situaciones que la nulificaban. Sin embargo no era suficiente porque era claro que había temas que no estaban resueltos y se manifestaban en esa relación tóxica que ella había decidido vivir.

Como lo dije anteriormente, cada circunstancia que aparece en nuestra vida es un reflejo de lo que tarde o temprano tiene que salir de nuestro subconsciente para buscar la paz emocional.

Fue así como durante la terapia llegamos a la relación más tóxica que había tenido, era con su madre originaria de Nicaragua. Una mujer que durante toda su vida se dedicó a agredirla, minimizarla, hostigarla, insultarla y criticarla por todo.

-Le he dicho ya a mi madre que estoy embarazada, no le gustó la noticia. Estamos en la casa, en la cocina, ella acaba de preparar la comida. Le digo que voy a tener un bebé y que el papá de mi niño no quiere hacerse cargo de él- me cuenta durante una sesión de hipnosis.

Con desesperanza en el rostro, sigue el relato de ese día. -Mamá se altera, me dice que ya esperaba eso de mi porque no valgo nada, me da una cachetada y me dice que soy una cualquiera, una cualquiera. ¡Dice que nadie me va a querer, que nadie me va a querer!-.

-Vamos a otro momento de tu vida-, le digo.

-Han transcurrido unos años, estoy estudiando, mi mamá dice que no voy a servir para nada. Yo quiero ser abogada para darle un futuro a mi hija, un buen futuro. Ella dice que yo no puedo, que soy tonta, que nadie me va a querer ni como abogada- dice triste mientras frota sus manos con su cara como incrédula a lo que está escuchando de su propia madre.

Con esto quedaba de manifiesto que su mamá era su peor juez y ella siempre se lo había permitido. Definitivamente era un ciclo que debía cerrar para darle armonía a su vida y por consiguiente, generar relaciones menos nocivas que le permitieran ser feliz y no relaciones que continuaran con los patrones de agresiones hacia ella.

En otra sesión, mi paciente reconoció que era el ciclo con su madre el que debía quedar cerrado y le pidió que saliera de su casa. En una semana de tratamiento estaba convencida de que era su mamá quien no le permitía el bienestar que necesitaba y cerró ese círculo tóxico por doloroso que fuera hacerlo.

Concluir la historia con su pareja digital tardó un poco más. Le costó más trabajo por la dependencia desarrollada y por los patrones de pensamiento en los que creyó desde niña inculcados desde el seno materno.

Finalmente le quedó claro que no se trataba de la necesidad de tener una pareja o de una aplicación tecnológica la que la llevó a vivir esta historia de tristeza y de soledad estando “acompañada”.

Se trataba de una realidad que ella misma creó porque si, cada quien es responsable de crear lo que pasa en su vida. Cada uno de nosotros decidimos quién aparece, cuándo aparece y cuál va a ser la lección que nos dejará en el paso por nuestro camino porque es parte de nuestra evolución, es parte de cada una de nuestras historias.

El verdadero significado del bienestar consiste en decidir en qué momento queremos que todo eso que hemos creado y que no es acorde a nuesto crecimiento, salga para siempre causando el menor daño posible.

La abogada pudo volver a respirar como antes. Pudo hacerlo con libertad y con seguridad porque habiendo cerrado los ciclos de dolor y de apegos pudo crear una nueva vida para ella y su hija.

De su madre no se separó, sólo le pidió que no viviera más en su casa para poner distancia de ella. La mujer no cambió, pero mi paciente aprendió a no permitir que sus palabras influyeran directamente en su felicidad generando la necesidad de buscar siempre quien la desacreditara para poder seguir avanzando.

# Capítulo XI

## Hipnosis para programar conductas de triunfo

El caso de los pequeños es muy particular ya que trabajar con ellos puede resultar verdaderamente gratificante y puedo decir que conmovedor.

Recuerdo mucho a una pequeña campeona de Ajedrez que estaba a punto de enfrentarse a una competencia mundial. Tenía apenas diez años y sus padres la llevaron comigo para programar su mente para el triunfo.

Y es que la reprogramación de nuestra mente también es una de las aplicaciones de la Hipnosis Clínica. Desde niños tomamos como nuestros patrones de conducta o pensamientos que quizá no eran los más adecuados y los tenemos tan arraigados que van normando nuestra conducta a lo largo de la vida.

Si desde pequeño te dicen "tú no puedes bailar", crecerás pensando que efectivamente "NO PUEDES HACERLO" y es que estás tan determinado a creerlo que tu mente consciente lo convierte en realidad. De tal modo que si un día te atreves a pararte en una pista de baile probablemente no podrás hacerlo porque creaste las condiciones para que asi fuera.

Por medio de la Hipnosis Clínica, podemos cambiar todas esas programaciones para convetir lo negativo en positivo en la medida de que vamos cambiando también nuestros pensamientos.

Pues eso hicimos con la pequeña campeona de Ajedrez. Si bien, ella sabía que podía ganar la competencia porque ya había obtenido triunfos bastante notables en concursos anteriores, sus padres me pidieron trabajar con ella una nueva programación para triunfar.

Logramos que la pequeña se enfrentara al mundo con su técnica, su dominio, su seguridad pero sobre todo una nueva programación con la que llegó al certamen.

El resultado obtenido en ese y en otros concursos posteriores ha sido exitoso.

# Capítulo XII

## Hipnosis y abuso sexual

A través de los años he podido atender casos de niños cuya integridad se ha visto vulnerada por abusos físicos o psicológicos que se manifiestan por medio de diversos comportamientos.

En lo personal los casos que más impacto me provocan son los niños porque muchos de ellos guardan en lo más profundo de su ser estas experiencias que sólo son notorias hasta que sus acciones comienzan a gritar lo que les pasó.

Llegan conmigo por comportamientos agresivos, fallas en la escuela, problemas de alimentación, depresión, ansiedad o alguna otra manifestación, sin embargo a lo largo de la terapia descubrimos que todo ello tiene una razón de ser que está ligada en ocasiones, a algún abuso muchas veces cometido al interior de la familia.

Eso ocurrió con una pequeña de doce años que llegó a mi consultorio con su mamá debido a problemas de alimentación. De pronto había comenzado a subir de peso y su familia no se explicaba la razón. Al llegar conmigo y comenzar las sesiones de hipnosis, le pedí que hiciera un dibujo y ella plasmó en un papel dos camas gemelas.

Estas representaban las mismas camas gemelas que tenía en el cuarto que compartía con su hermano de veinte años. Lo que la niña estaba diciendo a través de su dibujo y de las sesiones que tuvimos, era que su hermano abusaba de ella tras cerrar la puerta de la habitación.

Con las sesiones llegamos al momento en que el joven la ultrajaba generalmente cuando estaba bajo los influjos de las drogas.

El trabajo con esta pequeña fue tan intenso que un día al término de la terapia se armó de valor para confrontar a su madre y contarle todo lo que estaba pasando con su hermano de veinte años.

La mujer quien reconoció que su hijo tenía problemas con el consumo de estupefacientes, aceptó que ambos dormían juntos debido a que no tenían dinero para vivir en una casa más espaciosa que les permitiera tener mayor privacidad.

Cuando se presenta un caso de esta naturaleza, es mi obligación dar el reporte a las autoridades para frenar los abusos cometidos. Es por eso que hablé con la mamá de la menor quien en una primera instancia al plantearle el problema de su hija me respondió: -¿Y qué quiere que yo haga?-.

Enseguida y al ver la seriedad de mis palabras, la señora aceptó acudir ante las autoridades para poner el reporte correspondiente con el fin de dar protección a su hija. De esta forma, el joven de veinte años tuvo que cambiarse no sólo de cuarto sino de casa para que la niña estuviera segura. Además le colocaron un distintivo que se utiliza en Estados Unidos para identificar a las personas que cometen abusos contra menores y con ello evitar que vuelva a suceder.

En el caso de esta niña logramos identificar que el abuso sexual era la causa principal de su gordura aparecida en los últimos meses de su vida. La pequeña desarrolló en su cuerpo la necesidad de protegerse y lo estaba manifestando a través de el sobrepeso. Logramos obtener las respuestas necesarias para el problema que tenía y más aún, pudimos protegerla de lo que posteriormente habrían sido más experiencias de riesgo para ella.

El seguimiento de este tipo de situaciones se da generalmente porque el paciente regresa para seguir sanando conflictos. En realidad está en cada persona el tomar la determinación de continuar explorando su subconsciente para resolver lo que les aqueja.

En una de esas agendas planeadas fuera de Estados Unidos conocí a María. Ella había llegado a mi consultorio por curiosidad. Si, porque buscaba solamente saber de qué se trataba la Hipnosis Clínica y por ello fue a recibir terapia.

De esta forma María llegó hasta el lugar dispuesto para realizar las terapias. Cuando le pregunté qué quería trabajar ella no pudo contestar porque no sabía qué la había llevado hasta ahí.

Lo cierto es que nada es circunstancial y si ella había elegido estar ese momento en ese lugar era porque su subconsciente le decía que había llegado el momento de sanar lo que conscientemente no quería reconocer.

Durante nuestro encuentro y mientras dudaba en saber qué podría sanar a través de la hipnosis, me platicó que su padre había muerto en un accidente hace ya muchos años. De pronto comenzó a llorar como si fuera una niña pequeña y me pidió disculpas.

-Mi padre fue un excelente padre, tenía problemas graves de alcoholismo pero aún y cuando estuviera muy ebrio, nunca dejó de ser un padre responsable. Nos atendía, nos cuidaba, nos quería mucho. Siempre he creído que cuando pierdes a alguien tan cercano cuando te acuerdas de él siempre le lloras como la primera vez porque el dolor nunca se va-. Me dijo María, incluso atragántandose por el llanto.

Fue ahí donde encontré el motivo de por qué había llegado conmigo y comenzamos a trabajar.

Luego de la plática introductoria la llevé a un estado de relajación profunda. Llegó al jardín de su casa cuando tenía diez años de edad. Veía como todos los niños se divertían en su fiesta de cumpleaños pero ella no podía hacerlo del todo.

Había piñata, juegos, comida, música y muchas de sus amigas presentes. Ella sólo veía cómo todas jugaban y aunque se sentía feliz pudo observar a una niña triste en medio de tanta felicidad que había a su alrededor.

Entonces le pedí que regresáramos un poco más atrás para encontrar el motivo de esa tristeza. María se encontró con ella a los ocho años de edad. Dentro de su cuarto donde estaba haciendo la tarea, vio como su papá entró y dejó la puerta entreabierta, apenas con una hendidura por donde se veía el pasillo de la casa.

Estaba ebrio como todos los días. Como muchos de esos días que para ella ya eran normales. El la levantó del pupitre y comenzó a tocarla.

Mientras María descubría en su subconsciente más detalles de aquel momento, recordó que volvió su mirada a la puerta para ver ¡por qué nadie venía a rescatarla de aquello que ella sabía que estaba mal!.

Para su sorpresa, detrás de la hendidura casi imperceptible de la puerta de su cuarto, estaba su mamá observando la escena. En ese instante María se convirtió en mi consultorio en una niña de ocho años. Sin poder parar de llorar se mordisqueaba el labio inferior buscando protegerse, se abrazaba a si misma aferradamente también buscando protección. Habíamos encontrado el motivo por el cual al referirse a su padre siempre había mucho dolor.

En las sesiones posteriores trabajamos el perdón para su papá y logró entender que ella no tenía la culpa de lo que había pasado. Logramos trabajar también en el perdón hacia su madre por haber permitido esa experiencia y fuimos hasta su niña de ocho años de nuevo donde se abrazaron durante varios minutos. En ese encuentro y ya como adulta, le prometió a la pequeña que siempre la cuidaría y que todo lo que había pasado ya había quedado atrás.

El proceso de aceptación para María fue complejo. Nunca imaginó que lo que de inicio fue una simple curiosidad se convirtió en un momento determinante para encontrar conflictos que no estaban resueltos.

A partir de esa terapia, no volvió a llorar al hablar de su padre.

Sin duda había llegado a recibir Hipnosis Clínica en el momento en que su subconsciente estaba pidiendo que saliera toda esa información para atenderla.

Conscientemente ella estaba manifestando problemas serios de aumento de peso, ansiedad e insomnio. Las sesiones fueron un parteaguas para que estos síntomas desaparecieran aunque no del todo.

Logramos un gran avance, pero como lo expliqué anteriormente, abrimos sólo una carpeta de la computadora almacenada en su mente subconsciente. En las otras carpetas había otros temas que en ese momento no se sintió preparada para atender y que contribuían a su aumento de peso.

Generalmente quien asiste una vez a terapia, regresa en aquellos momentos donde considera necesario sanar alguna otra parte de su vida. El tiempo va marcando la pauta y cuando nuestra mente lo considera necesario, ella misma nos pone en el lugar indicado en el momento justo.

Es por eso que al sanar alguna cosa que necesita ser atendida, el subconsciente nos tiene reservada una nueva historia.

Un conflicto no resuelto puede derivar en enfermedades corporales o mentales que al manifestarse, también están manifestando un problema sin ser atendido quizá desde años atrás.

En Houston conocí a una mujer que estaba prácticamente sorda. Debido a este padecimiento había acudido a todos los especialistas y se había realizado todos los estudios pertinentes para finalmente recibir el mismo diagnóstico: -usted médicamente no tiene nada-.

Resultaba difícil aceptar que no había nada qué hacer para que recuperara la audición debido a que cada vez le costaba más trabajo escuchar por ambos oídos. Un día llegó con un médico quien le recomendó realizar sesiones de hipnoterapia y fue entonces cuando coincidimos.

Su subconsciente le instruyó que era momento de atender ese problema y sin buscarlo, encontró en Facebook un anuncio de mi estancia en Houston, Texas. Pese a que tenía mucho trabajo en la estética que dirigía, pudo acomodar su tiempo para asistir a la primera sesión.

Cuando ya has probado de todo, la esperanza y la fe se confabulan para que se concrete lo que tanto deseas y fue así que llegó conmigo.

Tras conocer una parte de su historia vencimos el primer obstáculo ya que la terapia la realizamos con audífonos para que ella pudiera tener claridad en las instrucciones y en consecuencia poder seguirlas.

En esa primera sesión llegamos a la raíz del conflicto. A los 14 años de edad estaba con su novio adolescente en la puerta de su casa, ambos se encontraban tomados de la mano cuando llegó su padre.

En ese encuentro no tan agradable, su papá comenzó a reprocharle que permitiera que su novio le tomara la mano.

-¡Por qué te dejas agarrar!- le decía al tiempo de acercarse a su oído derecho para decirle que era una cualquiera. -¡Eres una prostituta!- volvió a decir el hombre fúrico mientras amenazaba a su novio.

Luego de pedirle que fungiera como espectadora de tan desagradable situación, le recordé que no era ninguna prostituta por permitir que su novio le tomara la mano. Le insistí que un abrazo no daña a nadie y que el permitir que le tomaran la mano no la hacía una mala mujer.

Mi paciente a quien le habían dado todos los diagnósticos sobre la pérdida total de su oído derecho, al terminar la primera sesión de terapia lo recuperó al 100 por ciento. Brincaba de felicidad y le parecía tan increíble, que al quitarse los audífonos lanzó un grito de alegría. Su oído había sido recuperado al rechazar todos aquellos insultos de su papá.

Pero la terapia aún no terminaba porque faltaba sanar el oído izquierdo.

Volvimos a tomar los audífonos para que pudiera escuchar las instrucciones y a través de la hipnoterapia también descubrimos el por qué perdió la audición de ese lado.

-Dime en dónde te encuentras-, le dije.

-En mi casa, estoy en mi cuarto. Estoy haciendo una tarea de mi taller de costura....-, dijo un tanto inquieta.

-¿Hay alguien contigo y cuántos años tienes?- pregunté.

-Si, está mi primo. Yo tengo 10 años y él tiene 19-, respondió.

De pronto, comenzó a apretar las manos como si quisiera sujetar con fuerza algo. Se sacudió, se acomodó de nuevo en el sillón y siguió contando.

-Me arrebató mi costura, quise que no lo hiciera pero no pude. Le digo que me deje en paz, que no me moleste, que se vaya para su casa pero no entiende. Parece que me quiere hacer daño-.

-¿Qué pasa en ese cuarto?, ¿Qué te hace tu primo?- insistí.

-¡No me da tiempo de nada!... ¡Me está haciendo daño... está abusando de mi. ¡Soy una niña... soy una niña!- insistía.

-Le pido que me deje en paz pero me sujeta fuerte con su mano y me tapa la boca, me dice al oído algo que no entiendo- prosiguió.

-¿No entiendes?-, cuestioné, pensando que en realidad su subconsciente si tenía registrado el mensaje pero su consciente se resistía a decirlo.

Tras unos segundos de silencio continuó. -Con una mano me sigue tapando la boca y con otra toca mi oído y me dice que grite todo lo que quiera, que de todas formas nadie me va a escuchar- me explicó.

Ahí comprendió que decidió no escuchar del lado izquierdo para no volver a sentir ese horror que trajo consigo la violación. Era el lado por el cual su abusador le dejó ese mensaje que quedó grabado en su mente subconsciente.

Tras estas sesiones, mi paciente decidió continuar en la terapia no sólo para ella sino también para su esposo ya que consideraba que su sordera le había traído muchos problemas de comunicación en su matrimonio cuando en realidad, la falta de comunicación con su pareja a través de los años también había contribuido a la pérdida de la audición.

Luego de recuperar la posibilidad de oír por ambos lados, esta mujer se ha convertido en una de las principales convencidas de que la Hipnosis Clínica es una alternativa para aquellos pacientes que consideran que todo está perdido.

Su convicción y su fe le ayudaron, pero sin duda llegar al fondo de lo que le aquejaba y le generaba una vida infeliz logró sanarla física y emocionalmente.

# Capítulo XIII

## Hipnosis y contacto extraterrestre

Un día recibí a un paciente que se acercó a mí desesperado por lo que le estaba ocurriendo. Ya no podía dormir, la angustia se apoderaba de él todas las noches y era tal su temor a que llegara el momento de descansar, que prefería no conciliar el sueño para evitar ser molestado.

¿Quién lo molestaba? Durante la primera sesión me explicó que necesitaba desprenderse de lo que le angustiaba pero que necesitaba que le creyera. De inmediato le pedí que tuviera confianza y fue cuando comenzó a contarme la historia que llevaba no días, sino años quitándole el sueño.

Desde los 18 años junto a su hermano adolescente comenzó a estudiar a los extraterrestres. Fue tan profundo su interés sobre este tema que un día logró hacer contacto con ellos. Al principio disfrutaba que vinieran desde otras dimensiones para hacer contacto con él ya que le parecía increíble lo que vivía.

Al paso del tiempo no sólo fue el contacto ya que venían para trasladarlo a su mundo, viajes que al inicio él no rechazó pero que después se convirtieron en situaciones incómodas y hasta de temor.

-Vienen por mi pero ya no quiero que eso pase, me están quitando la tranquilidad, ¡ya no puedo vivir así pero necesito que me crea, que me ayude porque solo ya no puedo!-. gritó.

-Cuéntame cómo son esos encuentros, ¿qué hacen contigo?, ¿qué buscan de ti?-, pregunté para conocer un poco más del tema.

-De esto no le he dicho nada a mi esposa, pensaría que estoy loco, de inmediato me enviaría a recibir atención psiquiátrica y de verdad, ¡no lo estoy, no lo estoy, no lo estoy!-. Decía desesperado.

Fue entonces que le platiqué para infundirle confianza, que en mi trayectoria me ha tocado conocer muchos casos como el suyo.

Tras varios minutos de plática pude conocer que tenía frente a mí a una persona que por muchos, muchos años, había permitido que los extraterrestres vinieran por él a través de un canal energético que él mismo abrió y mediante el cual les permitió acceder a su vida, a su mundo e incluso a sus decisiones.

Este hombre ya casado y ejerciendo exitosamente su profesión, me relató cómo en cada uno de esos encuentros fuera de este planeta, a veces se encontraba con seres de gran tamaño y otras ocasiones con seres mucho más pequeños que él.

Lo que no variaba eran las experiencias ya que lo analizaban de tal forma que comenzó a ser muy incómodo. Los viajes comenzaban a ser frustrantes ya que incluso pretendían tener relaciones sexuales con él, cosa que fue difícil no aceptar.

En estos encuentros, los extraterrestres le explicaron que la vida en el Planeta Tierra terminaría y ellos debían estar preparados para enfrentar esta situación.

Le comentaron que por eso debían estudiar al ser humano y emularlo. Según pudo ver durante sus viajes fuera de esta dimensión, estos entes ya habían copiado la vida humana pero faltaba un tema muy importante: las emociones.

Pese a que él les pedía que ya no vinieran, ellos seguían haciéndolo porque el canal energético seguía abierto y veían en estas circunstancias la oportunidad de continuar estudiando al ser humano hasta llegar a copiar su sistema emocional.

Comenzamos la terapia y debo admitir que al inicio fue complicado poder trabajar el tema. Al caer en un estado de relajación profunda mi paciente ingresó a un cuarto donde se observaban muchas pantallas y donde la tecnología que se encontraba ahí, no nos permitía obtener mayor información de cómo cerrar ese canal abierto hace muchos años.

-¿En dónde estás?- le pregunté

-En un cuarto con muchas pantalllas, hay mucha luz, no veo más- Me dijo.

-Intenta ver las imágenes de las pantallas- le pedí.

-No puedo, todo es confuso, hay mucha luz, muchas pantallas, hay mucha tecnología, no se donde es ni dónde estoy-, repitió.

Parecería complejo de explicar, sin embargo era evidente. Había quienes no permitían que mi paciente llegara al estado en el que pudiera cerrar el canal mediante el cual se comunicaban con él.

Por más esfuerzo que hacía, sólo veía pantallas, tecnología, luz y la desesperación lo invadía al no saber con precisión en qué lugar estaba.

Finalmente y tras casi una hora, logramos encontrar ese camino que por mucho tiempo los extraterrestres utilizaron como medio para hacer contacto.

Esto era más que necesario debido a que ya comenzaba a irle mal en su trabajo por el insomnio, el estrés y la angustia que le generaba el hecho de que en cualquier momento sus "amigos" llegarían de nuevo por él.

Tras 5 sesiones pudimos cerrar el contacto.

Mi paciente de 32 años se fue muy complacido con su trabajo de hipnoterapia. Volvió a conciliar el sueño y no hubo necesidad de confesarle a su esposa lo que le pasaba ya que todo había quedado resuelto.

El canal se eliminó y finalmente pudo normalizar su vida, su trabajo y sus emociones.

Vale decir que no es el único caso que he atendido de personas que tienen contacto con seres de otro planeta. En ciudades como Houston, Texas, este es un tema muy recurrente.

Un caso más ocurrió con una persona de 34 años originario de Pensylvania que al llegar a terapia estaba alterado y muy nervioso después de muchos días de no conciliar el sueño.

-Hay unos seres que vienen por mí y me están torturando- fue lo que me dijo en cuanto le pregunté ¿en qué le podía ayudar?.

Me dijo que no le iba a creer y se resistía a contarme pensando que podría dudar de sus palabras. Sin embargo, le dije que no era la única persona que había estado conmigo para contar una historia similar.

Fue ahí donde se levantó del sillón para mostrarme una marca que tenía en la pierna.

-Esta marca me la dejaron ellos y yo soy como de su posesión. Vienen a la hora que quieren, me dejan paralizado, se concentran en mi corazón. Yo sé que ellos hacen cosas en mi corazón porque cuando están aquí no puedo mover desde mi cuello hasta mis órganos sexuales, ¡no puedo tener ningún movimiento!- decía desesperado.

Durante la sesión me dijo que quienes venían por él se encontraban en ese momento presentes y muy atentos a lo que ocurría durante la terapia.

Los describió como extraterrestres muy bien parecidos, extremadamente altos, con ojos azules y con el mismo símbolo que mi paciente tenía en la pierna. En la sesión me comentó que estos son seres que tienen la intención de ayudar a los humanos.

El hombre me dijo que lo único que él necesitaba era dormir, ya que la falta de sueño lo mantenía al borde de la desesperación. Me contó que una de las razones del insomnio era que su pierna siempre estaba muy caliente y por esa temperatura no podía dormir.

Mientras hacíamos la hipnosis me insistía en que los extraterrestres estaban en el consultorio, a lo que yo sólo le respondía que se mantuviera tranquilo. Fue entonces cuando las cosas que estaban en el escritorio comenzaron a moverse: plumas, tazas, botellas de agua, todo comenzó a pasar de un lado al otro como si efectivamente alguien estuviera moviendo los objetos voluntariamente.

Le pregunté si tenían algún mensaje y me señaló que no, que sólo me podía decir que eran seres de luz.

Al reconocerlos como seres de luz pude cortar la conexión existente entre mi paciente y ellos, con el fin de que él pudiera dormir y seguir su vida normal.

Así ocurrió y pudo levantarse contento del sofá donde llevamos a cabo la terapia, se fue tranquilo y contento. La sesión había terminado y estaba cumpliendo su objetivo.

Terminé ese día de trabajo pensando en todo lo que había vivido cuando decidí ir a comer a un restaurante para relajarme un poco.

De pronto al querer acomodar mi bolso, sentí cómo me iba a caer y empecé a tambalearme en la silla cuando una mano me detuvo. Una vez pasado el susto vi que mi brazo tenía marcas rojas de lo fuerte del apretón, sin embargo nadie había tomado mi mano y nadie me había sostenido.

Esta anécdota la guardo siempre como una clara muestra de que no estamos solos en este mundo y de que cada paciente que llega a mi consultorio para platicarme algún problema que le inquieta relacionado con el mundo extraterrestre, tampoco llega solo a nuestro encuentro.

# Capítulo XIV

## Hipnosis en los niños

Desesperada y tratando de buscar una solución definitiva a un conflicto llegó hasta mi consultorio la mamá de Cristina, una pequeña adolescente con Transtorno del Espectro Autista que en la escuela tenía muchos problemas. Sus maestros la consideraban agresiva y sus compañeros también.

Al llegar a mi consultorio, Cristina me permitió ver en ella una cara que no le mostraba al resto de sus compañeros, un rostro de amabilidad, ternura, sensibilidad que no aparecía en el reporte escolar.

Para esta pequeña era complejo desenvolverse en un entorno donde no la entendían y por ello su familia la llevó para que fuera atendida a través de la hipnoterapia.

En la escuela pidieron que la menor tuviera asistencia profesional y así lo hicimos. Cristina fue conmigo a recibir terapia con la etiqueta de "agresión" puesta por sus compañeros de clase y sus profesores.

Era necesario tener un diagnóstico que permitiera a los padres de la pequeña mostrar a la escuela y al estado, que ya estaba siendo atendida profesionalmente. Al recibir el reporte de sus maestros pude ver que estaba equivocado.

Lo que Cristina necesitaba era comprensión, atención y llevarla de la mano a una terapia acorde a lo que ella ocupaba en ese momento.

Durante nuestras sesiones le pedí que hablara de lo que ella deseara. Al principio le costó trabajo por la forma en que había sido tratada con anterioridad y por su condición, pero después pudo comunicarse en momentos donde la dulzura propia de su edad salió a flote solo para confirmar que estaba siendo sujeta en la escuela a un tratamiento equivocado.

-Te quiero-, me dijo en una de las terapias.

Estas palabras fueron tan sólo uno de los muchos logros obtenidos con Cristina si consideramos que quienes tienen el diagnóstico de Trastorno del Espectro Autista difícilmente pueden expresar sus emociones.

Específicamente en este tipo de casos, cuando el paciente tiene limitaciones en sus habilidades de comunicación trabajamos en las causas emocionales que les impiden comunicarse con los demás. En pacientes como Cristina con dificultades para hablar por el TEA diagnosticado previamente, la empatía es fundamental para lograr que ellos manifiesten sus ideas, sentimientos, pensamientos y emociones.

Con la hipnosis podemos ser empáticos y llevar al paciente a niveles de comportamiento que a veces ni ellos mismos consideran que tienen.

En la atención a menores de edad vale la pena hacer una mención especial por todos aquellos niños que han sido diagnosticados con Trastornos del Neurodesarrollo y que derivado de ello se convierten en objeto de bullying en sus escuelas, desesperación para sus padres y maestros así como en dolor para el seno de sus familias.

Es importante hacer mención de estos pequeños pero más aún de sus padres.

A mi consultorio han llegado papás sumamente desesperados con el diagnóstico en sus manos y en muchas ocasiones con la indiferencia de las instituciones educativas de por medio.

El viacrucis inicia cuando su hijo es estigmatizado en la escuela con comentarios como: "no hace nada en clases", "se distrae fácilmente", "no atiende a los maestros", "distrae a sus compañeros", "se queda dormido mientras el profesor habla" y muchas de esas afirmaciones que sólo logran que los niños crezcan inseguros, tímidos y que poco se atrevan a desarrollar sus habilidades porque finalmente ya alguien dijo por ellos que no sirven para la escuela.

Luego, enviados por la institución educativa inician un recorrido de especialista en especialista buscando la luz no que les de un diagnóstico, sino que les señale cuál es el camino a seguir para que el niño deje de padecer todas esas etiquetas que la sociedad le impone día con día.

Algunos llegan con neurólogos, otros con psiquiatras, otros con psicólogos educativos, hay quienes recurren a sacerdotes y a cuanto les pidan intentar. Sin embargo en todo ese camino, se encuentran sólo con un diagnóstico fuerte acompañado de palabras en muchos casos insensibles:

-Tu hijo tiene TDH-

-Tu hijo tiene TDA-

-Tu hijo es autista y no te habías dado cuenta-

-Tu hijo es Asperger pero no te preocupes, le irá bien en la vida porque es altamente funcional-.

El problema de todos estos diagnósticos es que los menores comienzan a sentirse a sí mismos como raros o poco funcionales ya que incluso desde los 3, 4 o 5 años cuando ni siquiera el niño ha terminado de desarrollar sus habilidades, hay quienes ya les entregaron esa etiqueta que desde ese momento empieza a lastimar social, moral e incluso económicamente a toda la familia.

Los padres desesperados pagan una fortuna en la búsqueda del especialista que les diga qué hacer o cómo lograr la inclusión de sus hijos a la sociedad, cuando sólo se trata de comprender que estos pequeños son seres de luz.

Son personas que llegaron a nuestro mundo a enseñarnos un camino que muchos de nosotros no estamos preparados para entender.

Pequeños en otro grado de evolución y por ello, el mundo en el que estamos no les acomoda. Viven sin encajar en los estereotipos convencionales y muchas veces, encerrados en las reglas que les imponen para ser parte del molde que les exigen la escuela y la sociedad.

Hasta Querétaro durante una agenda al interior de México, llegó una familia sumamente preocupada con su hijo de 5 años que recién había sido diagnosticado con Trastorno de Déficit de Hiperactividad.

-Vengo porque ya no se qué hacer-, me dijo su mamá.

Habían buscado opciones en uno y otro lado sin lograr que hasta el momento alguien pudiera indicarles el camino para que su hijo brillara en la escuela como lo hacían sus dos hermanas.

De acuerdo al reporte del jardín de niños en el que estudiaba, el pequeño no atendía a las instrucciones de las maestras, terminaba los trabajos y luego distraía a sus compañeros, se paraba constantemente de su lugar y no participaba en las actividades grupales porque siempre le aburrían.

Cansados de ello y orientados por la escuela para recibir ayuda es que sus padres habían visitado ya a decenas de especialistas que además del gasto, representaban en aquel momento un desgaste emocional fuerte que el seno familiar ya no estaba resisiendo.

Trabajé con el pequeño y atendió muy bien las instrucciones, programamos en él conductas de atención, triunfo y de aceptación para que los comentarios vertidos en las escuela no impacten su desarrollo futuro.

El resultado también fue exitoso.

Lo que hoy está ocurriendo con los niños y los diagnósticos cada vez más frecuentes para ellos es algo que nos requiere mucha aceptación y conocimiento. Me atrevo a decir que son diagnósticos acelerados que derivan de un sistema educativo que no alcanza a entender que estos pequeños son almas nuevas que necesitan otro tipo de instrucción académica, mayor entendimiento y no medicamento para mantenerlos quietos o estáticos.

Para muestra, un botón que le ha dado la vuelta al mundo: Matías de Stefano, un joven considerado como índigo nacido en Santa Fe Argentina en 1987 cuya biografía relata que no lloró al nacer. Alguien a quien le fue permitido recordar sus vidas anteriores lo que le ha dado pie a generar un movimiento de despertar de la conciencia que comparte por todas las latitudes.

De acuerdo a lo que él mismo ha compartido, unos terribles dolores de cabeza fueron el inicio para comenzar a escribir en lenguas que no aprendió en esta vida sino en otras, así como para desarrollar todo tipo de experiencias de reminiscencias de otras vidas para compartir el conocimiento en la actual.

Matías de Stefano podría haber encuadrado en la característica de estos niños que son clasificados como: “indigos” y probablemente sin el impulso de su familia y el reconocimiento de su don especial, habría crecido con baja autoestima y creyendo ser una persona que requiere medicamento y atención médica para salir adelante.

Si la pregunta es: ¿Qué puede hacer la hipnosis por estos niños? Podría decirle a los padres que desde esta técnica podemos programar en el niño conductas de seguimiento, de obediencia, de respeto a la autoridad, de disminución de la ansiedad, de organización, entre otros aspectos que son clave para su convivencia en este mundo para el cual están demasiado evolucionados.

Si el niño puede seguir instrucciones, dejamos en él programaciones mentales con las que pueda sentirse más tranquilo en este mundo al que fue enviado para enseñar e iluminar el camino de quienes tienen la fortuna de conocerle.

Trabajar con los niños es pues, una de las mejores satisfacciones de la Hipnosis Clínica por los resultados que hemos podido lograr a través de los años.

# Capítulo XV

## Hipnosis y adicciones

Cuando generamos una agenda fuera de mi consultorio visitando países y llevando terapia a decenas de personas, también hemos encontrado situaciones que han tenido grandes resultados.

Esto le pasó a una paciente que ya había asistido a terapia conmigo. Era una mujer tan entregada a su trabajo que se olvidó de tener una vida propia para dedicarse única y exclusivamente a generar resultados laborales.

Vivió una infancia nada sencilla. Nació en el seno de una familia muy pobre y quedó huérfana de madre a los doce años. En plena adolescencia y siendo la menor de cuatro hermanos, tuvo que enfrentar además, el abandono de su padre quien no supo procesar el fallecimiento de su esposa y mucho menos, el saberse responsable de cuatro hijos de 12, 13, 15 y 19 años.

Fueron ellos quienes se aferraron a salir adelante en la vida y cada uno, ante la ausencia de la madre, comenzó a tomar un rol distinto en su casa. Mi paciente recordaba cómo al morir su mamá, su papá se ausentaba largas temporadas de casa completamente alcoholizado. Eran tan largas esas separaciones que en algún momento tanto sus hermanos como ella, sintieron que ya no volvería más.

Los hermanos mayores decidieron trabajar para hacer frente a los gastos de la familia y las mujeres ingresaron como trabajadoras domésticas en algunas casas donde las contrataban.

Pese a la adversidad, esta mujer decidió no abandonar la escuela, la que continuó con excelencia académica hasta que llegó el momento de ingresar a la Universidad. Su padre, quien para entonces había vuelto a casa, se burló de sus deseos de superación al decirle con insultos que sólo iba a estudiar para colgar el título académico en la cocina porque iba a terminar como ama de casa y cuidando de sus hijos.

El miedo a la pobreza fue tal que mi paciente concluyó una carrera universitaria, una maestría y un doctorado. Y no solo eso, emigró a Nueva York donde hizo una carrera exitosa como ejecutiva de una empresa internacional de las más importantes de su giro.

Desde su ingreso a este corporativo, sólo pensaba en una cosa: trabajar para evitar la pobreza que tanto le dolió cuando niña.

Podría decirse que desarrolló una especie de "Workaholism" o "Adicción al trabajo" que no podía contener.

Viajaba, regresaba a la oficina, volvía a viajar, retornaba a la oficina en Nueva York. Su puesto como ejecutiva senior se lo exigía. Las llamadas a su familia y especialmente a su padre, eran cortas porque la prisa siempre estaba de por medio. Cuando su papá le pedía que lo fuera a visitar, la respuesta siempre era un: "después porque ahora tengo mucho trabajo".

Un día amaneció con tanta temperatura que en vez de dirigirse al trabajo, tuvo que ir al doctor. Ahí le señalaron que de no atenderse sufriría una peritonitis de la cual no saldría victoriosa si no era atendida a tiempo.

Ante este diagnóstico, decidió regresar al seno paterno y atenderse en México: su país. Finalmente con ello llegó el momento que su padre tanto ansiaba: volver a ver a su hija.

Esta joven profesionista tuvo que ser atendida de inmediato. La operaron para cortarle parte del intestino a fin de no caer en una enfermedad de mayor gravedad. Fue así como sin quererlo, permaneció en la casa de su papá durante 20 días.

En ese lapso, pudo reencontrarse con la figura paterna que tanto extrañó cuando era niña. Tuvo la oportunidad de preguntarle el por qué de su ausencia a la muerte de su madre y pudo escuchar la respuesta que buscó durante muchos años: "estaba aterrado al ver que me quedaba solo, sin mi esposa y con la responsabilidad de mis hijos".

Finalmente entendió que su papá no sabía como vivir el duelo de perder a su pareja y a la vez hacerse cargo de cuatro hijos que lo necesitaban.

Tras esto aclarado, la mujer se reencontró con su infancia y con el cariño paterno que había extrañado todo este tiempo. Volvió a disfrutar la vida en familia y a sus hermanos. La enfermedad le impedía continuar con la necesidad de mantenerse trabajando para evitar encontrarse con las dudas de su presente.

Llegó el momento de la despedida y de regresar a Nueva York. Antes de volver, llamó a mi consultorio para hacer una cita y descubrir mediante la hipnoterapia ¿Por qué tuvo que regresar a México?, ¿A qué se debía el motivo de ese viaje? ¿Por qué después de tantos años regresó para ser atendida por una enfermedad? ¿En realidad ella provocó la enfermedad para regresar? ¿La enfermedad apareció por algún motivo? ¿Por qué la vida la había llevado de regreso a México a reencontrarse con papá?

Todas estas preguntas la acompañaron en su camino de vuelta. Al llegar a Nueva York de inmediato regresó al trabajo donde ya la esperaban muchos pendientes. El primer día laboral y durante la primera junta, notó que su teléfono recibía llamada tras llamada que en ese momento no podía contestar.

Al terminar las revisó y todas provenían de la casa de su padre por lo que de inmediato se comunicó.

-Nuestro padre ha muerto-, le dijo uno de sus hermanos del otro lado de la bocina.

En ese momento todas las preguntas ya estaban respondidas. Entendió que la cirugía fue sólo el instrumento que su subconsciente creó para volver al punto inicial de su vida y sentir de nuevo el amor de su padre, ese que no pudo darle cuando se quedó viudo por no saber cómo vivir el duelo.

A menos de 24 horas de haber regresado a Nueva York, compró de nuevo su boleto a México para reforzar lo que descubrimos desde la primera sesión: la vida tiene sus momentos y cada uno de ellos van apareciendo cuando es necesario.

Ella aprendió además que la vida sólo es una y que no necesitaba crearse una nueva enfermedad para disfrutarla. A partir de ahí se convirtió en una mujer que saboreaba más cada uno de los momentos, bajó su ritmo de actividades y disfrutó más para estar mejor. RENA-SIÓ.

Vivir sin ataduras al pasado es la clave para estar bien en el presente. Muchos de esos bloqueos provienen de momentos creados por circunstancias de nuestra vida y que a pesar de que parecieran no estar presentes, de cualquier forma existen en la mente subconsciente.

Un caso con resultados extraordinarios en el tratamiento de adicciones es el que vivió Jorge, un hombre de 36 años que comenzó a beber desde los 17 y que desde muy chico, sintió la falta de amor de su papá así como la falta de atención.

Es el menor de los 4 hijos y las circunstancias vividas en casa lo llevaron a casarse muy joven, dado que a sus 36 ya tiene 11 años de casado y es papá de un niño de 9 años.

Jorge era dueño de una inseguridad notable pero también de un grado de alcoholismo severo que se había traducido en varios accidentes frecuentes que incluso estuvieron a punto de llevarlo a la muerte.

Durante la plática inicial me comentó que uno de sus amigos murió en uno de esos accidentes, cosa que lo dejó con culpa y con una marca que creía, tendría de por vida.

Su adicción lo llevaba a pelearse con todo mundo, de hecho cuando vino a su primera sesión de hipnosis, llegó con un golpe en la mejilla, un problema de motricidad en su mandíbula y algunos otros problemas que también tuvimos que resolver.

A él lo conocí en un agenda fuera de Nueva York. Cuando me encontraba dando terapia, su madre me llamó desesperada para decirme que buscaba una solución para su hijo, a quien estaba a punto de enviar a un "anexo", acción que se resistía a llevar a cabo debido a la reputación que tienen estos centros de rehabilitación por la situación que ya platiqué en párrafos anteriores.

Contrario a lo que podríamos pensar en una persona tan condicionada al alcohol, él aceptó acudir a terapia por una razón poderosa que me confesó desde la primera vez que hicimos hipnosis: él presentía su muerte.

Durante el trabajo realizado con él, me encontré con un hombre muy inseguro, que le tenía miedo a la soledad, al fracaso y al alcohol. Incluso, tenía una fuerte depresión porque no podía dejar de beber aunque estaba consciente de que tenía que dejar de hacerlo. Ese nivel de conciencia se lo daba el hecho de que su pequeño hijo, le pedía muchas veces llorando que dejara de tomar pero simplemente no podía.

Al iniciar la primera sesión le expliqué que primero íbamos a relajar el cuerpo y que después íbamos a entrar a su mente subconsciente. Así fue y lo que encontramos fue verdaderamente sorprendente.

-Estoy en un lugar que es como un hospital que tiene una puerta y alguien está en el quirófano y desde aquí, desde atrás de la puerta puedo ver a mi esposa y a mi hijo-. Me dijo.

-¿Tu esposa y tu hijo están en el quirófano? – le pregunté

-Mi esposa y mi hijo están sentados y hay una persona en el quirófano.-

-Entra- le digo.

-¡Tengo miedo, no quiero entrar!, me dijo agitado.

-¿Por qué no entras si ahí está tu esposa y ahí está tu hijo?, debes de entrar para que sepas quién está en el quirófano- insistí.

-¡Soy yo y estoy muerto!- me dijo gritando.

En ese momento comenzó a llorar mucho. Como si con el llanto quisiera evitar el dolor que estaban sintiendo los seres que más amaba y que pese a los estados de inconsciencia que le generaba el alcohol, siempre había mantenido en un lugar muy especial de su vida.

-¡No lo puedo creer, cómo los voy a hacer sufrir, mira como están mi esposa y mi hijo. No los quiero hacer sufrir!- decía.

Le impactó mucho esa parte y comenzamos a movernos en el tiempo para reforzar su estructura psicológica.

Debo decir que no es normal que las personas en vez de regresar hacia una parte anterior de la línea de su vida, se vayan hacia años o momentos futuros, sin embargo existe esa posibilidad. En el caso de Jorge ocurrió porque esta era su última oportunidad para entender que debía dejar el alcohol o de no hacerlo iba a morir. Y él lo entendió así.

Cuando tienes una experiencia tan cerca de la muerte, entonces ahora si ya sabes que vas en contra del tiempo y haces lo que sea necesario porque estás consciente de que es tu última oportunidad. Eso mismo le pasó a Jorge.

Vinieron las siguientes sesiones donde era necesario trabajar el perdón hacia su padre para eliminar los resentimientos que guardó desde niño. Resentimientos que no sólo existían hacia su papá sino también hacia sí mismo por la muerte de su mejor amigo en un accidente mientras ambos bebían.

Los dos venían de una fiesta como lo hacían en repetidas ocasiones, sin embargo esta vez el destino no estuvo de su lado ya que un fuerte choque provocó que su amigo de la infancia falleciera al instante dejando una huella de dolor y culpa que incluso la familia del joven no paraba de depositar en Jorge.

Le expliqué que en esta vida no hay errores ni coincidencias, las personas están aquí cuando tienen que estar y por el tiempo que les corresponde estar, de esta manera le pedí que no se culpara más ya que pese a que él iba manejando el vehículo, no existía ninguna culpa ya que su amigo había cumplido su misión en la tierra y por eso se fue.

Regresamos al día en que ocurrió ese trágico accidente y justo en la escena, le pidió perdón a su compañero de vida por cualquier cosa que lo hubiera lastimado.

-Perdóname por lo que yo haya hecho que te haya lastimado, no quería que esto pasara, te juro que yo no quería- dijo mientras lloraba y revivía el momento mientras yo le pedía que esta vez, fuera sólo un espectador.

-¿Tienes algún mensaje para mí? Le preguntó Jorge

-¡Hazlo!, dijo su amigo.

-¿Qué es lo que tienes qué hacer? – Le pedí que preguntara al joven.

-Me dice que dejar de beber, que estoy en el momento, que es mi última oportunidad. Me dijo que pienso que no puedo solo, pero que él está aquí conmigo, que me va a acompañar en el proceso. Vas muy bien y lo vas a lograr, me dice. – relató Jorge.

Fue en ese momento en que mi paciente se reconcilió con esa parte de su vida que le generaba mucho dolor y culpa. A partir de liberar ambos sentimientos, comenzó un empoderamiento que ni él mismo pensaba que podía lograr.

De una sesión a otra, su piel tuvo cambios extraordinarios, su mandíbula ya no tenía la inmovilidad con la que llegó y su estado de ánimo comenzaba a ser diferente.

Las siguientes sesiones fueron para seguir trabajando en los recuerdos dolorosos de la infancia donde su papá no lo impulsaba lo suficiente. Procuraba y reconocía más a sus hermanos pese a que Jorge también pedía atención a gritos.

Una parte fundamental fue lograr que entendiera que siendo adulto, no le daban parte en los negocios porque a lo largo del tiempo demostró que su alcoholismo le impedía llevarlos con responsabilidad. Al tomar conciencia de ello también hizo el compromiso de atender laboralmente los negocios de la familia para ganarse de nuevo la oportunidad.

Debo decir que Jorge, dejó de tomar desde la primera sesión. La experiencia de verse frente a la muerte y reconocer que era su última oportunidad le permitió decidir de una vez por todas que ya no quería ingerir más bebida y lo logró.

Su madre y esposa quienes habían visto que probaba todo tipo de métodos para dejar el alcohol siempre se mantuvieron expectantes del resultado, un resultado positivo que aún no deja de sorprenderles.

Cotidianamente su mamá me escribe mensajes agradeciendo lo que pudimos hacer por su hijo durante la hipnosis y me cuenta que sigue sin probar la bebida.

Debe reconocerse el apoyo familiar sin duda, pero también la voluntad que tenía mi paciente de cambiar. Esto le permitió tomar la determinación que lo llevó a vivir una vida plena, sin adicciones y en unión con su familia.

La decisión de asistir a la terapia es importante, pero la voluntad y la fe también son imprescindibles.

# Capítulo XVI

## Hipnosis y transtornos alimenticios

Algunas experiencias vividas con anterioridad se reflejan en situaciones como la dependencia a las drogas o a aquello que hace daño al organismo como la comida en exceso por ejemplo.

Una paciente llamada Cindy, llegó conmigo completamente deprimida, abatida y segura de que ya no quería vivir. Su relación con la comida le estaba afectando demasiado a tal grado de que su estado emocional estaba muy deteriorado.

Podría parecer difícil de explicar el cómo una mujer de 32 años, soltera, exitosa en su carrera, inteligente y muy capaz, viviera llena de inseguridad y complejos.

Su tenacidad y habilidad en su profesión la había llevado a trabajar desde hacía 10 años en una de las empresas de Mercadotecnia más importantes de Nueva York. Cada día representaba un reto profesional para seguir demostrando de lo que era capaz, pero sin lugar a dudas, el reto personal era mucho mayor al tener que hacer frente a las críticas de su jefe quien no soportaba su sobrepeso.

-No llamen a la gorda a las juntas-, decía su jefe en un "silencioso" secreto diseñado para que ella alcanzara a escuchar perfectamente.

El rechazo de su superior era tan notable, que un día a finales de año cuando la empresa acostumbraba a dar bonos de productividad a los empleados, a ella no le entregaron nada.

Se armó de valor ya que contaba con ese dinero y decidió preguntarle a su jefe el motivo por el cual no había recibido esa compensación.

Llegó a la puerta de uno de los directivos de la empresa y le expuso que se sentía confundida por no contar con ese bono dado que ella consideraba que hacía bien su trabajo y que de hecho, había logrado un incremento considerable en las ventas del corporativo.

La respuesta que obtuvo Cindy la hizo tambalear y sólo se mantuvo de pie para escuchar hasta el final lo que su jefe tenía que decir.

-No te dimos bono porque estás muy gorda, ¿qué no te ves?-, respondió el hombre.

-¿Por gorda, por eso no me dieron ese incentivo?. ¿Por qué, si ustedes no han tenido quejas de mi trabajo?-, respondió asombrada y muy incrédula, no daba cabida a lo que estaba escuchando.

-Tu presencia no es lo que se necesita en esta empresa. De hecho, tu forma de lucir, de verte, de proyectarte a los demás, tu gordura, no es la presencia que necesitamos en un corporativo profesional como este y eso tú lo sabes desde hace mucho- reiteró su jefe.

Dueña de una inseguridad notable a consecuencia de su físico, Cindy se dio la media vuelta para dejar atrás esa escena y mientras caminaba a sus espaldas escuchaba a su jefe gritar: -¡Si te quieres ir, estás en tu derecho!-.

El mundo se le cayó encima. Recorrió los pasillos de la oficina de su superior a la suya con muchas ganas de desaparecer. Quería renunciar pero sabía que no podía dejar así los últimos 10 años de su vida. Tenía una trayectoria en esa empresa que hoy le estaba diciendo que ya no la quería ¡por gorda!.

-¿Volver a empezar?, ¡Dónde!, ¿Cómo le hago?, ¿Cómo pagar los gastos del apartamento sin trabajo?, ¿Cómo hacer frente a la vida, ¡No voy a poder!, ¡Ya no sé ni siquiera cómo se hace una entrevista de trabajo- se repetía a si misma constantentemente mientras seguía caminando aterrada.

Cindy sólo quería correr para poner freno a la confesión de que en su empresa ya no la querían, sin embargo en vez de correr comió y comió y comió para saciar esa ansiedad que hoy la tenía mal.

Nunca había sido una niña delgada, siempre fue rellenita y había sido feliz así. Sin embargo su mente subconsciente sabía que la historia de la mujer exitosa a la que no le interesaba su físico ya le había cobrado dos o tres facturas.

Cuando tenía 15 años, ilusionada tuvo su primer novio que decidió dejarla por una jovencita delgada y atractiva. Su mente lo registró y aunque el dolor adolescente se fue, se quedó grabado en su subconsciente.

Más tarde a los 23 años, cuando volvió a encontrar el amor, se fue a vivir con su pareja y por tres años estuvieron juntos. Un día descubrió que estaba embarazada lo que su pareja no tomó a bien y abortó al bebé.

La pérdida del niño provocó un incremento de peso considerable y su relación con la comida volvió a afectar su físico pero aparentemente calmó su ansiedad. Tras pasar de los 80 a los 120 kilos para superar esa pérdida, estuvo lista para tener otra pareja y así fue.

Sin embargo la historia se repitió y un buen día el hombre llegó a casa para decirle que ya la iba a dejar.

-Me voy, estás muy gorda, no eres lo que yo busco. ¿Te imaginas cómo te vas a poner cuando tengas un hijo?. No eres la mujer a quien yo necesito a mi lado- y dicho esto, se fue.

Cindy se quedó completamente sola de nuevo, sin embargo su trabajo siempre fue un refugio para reconstruirse después de tanto dolor. Pero ahora, ¡en su trabajo tampoco la querían!, la estaban menospreciando por el mismo motivo en lo único sólido que ella sentía que tenía.

Tras esta última experiencia y luego de escuchar a su jefe decidió ponerle fin a la gordura que ya le estaba causando tantos problemas y compró unas pastillas para bajar de peso que contienen ansiolíticos.

El efecto fue tal y su obsesión por bajar de peso llegó a tal grado que al cabo de unos meses la gordura estaba desapareciendo porque no se permitía comer. Entró en un estado depresivo que combinó con anorexia y su cuerpo ya no resistía más.

Fue entonces que llegó a mi consultorio en Nueva York. Tras las pláticas iniciales entendí que era urgente sanar o de lo contrario continuaría repitiendo los patrones que constantemente se habían aparecido en su vida a lo largo de los años.

-No me quieren por gorda- me decía y en realidad ya no lo estaba.

Comenzamos la terapia de Hipnosis Clínica y fuimos ahí, a donde su subconsciente guardaba el momento que determinó una relación de dependencia a la comida.

-¿Dónde estás?- le pregunté.

-Tengo 8 años, estamos en casa de mi tía. Llegamos como siempre mi mamá y yo y ahí nos está esperando ella. Nos reciben con gusto, mi primo está ahí-, me dijo frunciendo el ceño.

-¿Cuántos años tiene tu primo?- le pregunté pensando que esa gesticulación nos estaba dando algún indicio.

-Tiene 15 años... siempre que llego con mi mamá a su casa me lleva a jugar a su cuarto. Ahorita ya vino por mí...-, me dijo mientras comenzaba a respirar agitadamente.

-Ya nos vamos a su cuarto como siempre lo hacemos, dice que vamos a jugar pero ¡no es cierto!. Siempre me dice lo mismo y ¡no es cierto!-. gritó.

Tras poner la mano en su frente, le pido continuar el relato con calma, pensando que eso es sólo un momento de su vida que ya no está presente.

-¿Qué haces con tu primo ahora en la recámara-? volví a preguntar.

-Estamos en su cuarto. Luego de entrar cierra la puerta... eso hace siempre. Saca una revista que tiene escondida bajo su colchón... hay mujeres desnudas, hombres también. Me pide que lo toque... ¡yo le digo que no!....- y comienza a llorar.

Le pido que no se altere, que está sólo observando y sigue contando lo que pasaba dentro del cuarto cada vez que iban con su tía. Le digo que vaya a otro día, a otro encuentro en el mismo lugar y así lo hace.

-Estamos mi primo y yo en su cuarto... yo estoy llorando. Me duele lo que me hace-. dice mientras se frota las manos y se acomoda en el sillón.

-¿Cuánto tiempo lleva haciéndolo?- le pregunto.

-Mucho, como un año-. Respondió.

-¿Qué haces tú?- volví a cuestionar.

-Le pido que ya no me lastime. Él dice que debo aguantarme porque si hablo ya nadie me va a querer. Le digo que lo voy a acusar y me dice que si lo hago, su mamá ya no le ayudará con dinero a la mía... ¡No es justo!. ¡No es justo!-, decía.

-¿Qué haces ahora-? le pregunto.

-Él se va del cuarto. Yo me quedo sola.... Saco unos chocolates que guardo siempre en mi mochila. Luego voy por unos panes a la cocina. Como, como mucho.... Como para no sentirme triste. Comer me ayuda a olvidar-, me dijo.

Cada que terminaban el acto sexual, el joven le repetía que no debía decir nada porque nadie la iba a querer. Fue justo ahí cuando la comida se convirtió en su aliado, su calmante y su mejor compañía.

Cualquier estado de ansiedad lo solucionaba comiendo y su silencio lo aseguraba teniendo comida en la boca para evitar que su madre peleara con su tía.

Cindy comenzó a subir de peso considerablemente todo el año que estuvo sometida a los abusos sexuales de su primo. Por su cabeza pasaba contarle a mamá pero no lo hacía porque su tía las ayudaba económicamente y sabía que si abría la boca todo eso iba a terminar.

En mi consultorio trabajamos la ansiedad, la anorexia y sus estados emocionales para liberarse de aquello que le llevaba a repetir patrones que ya no quería tener en su vida.

Terminó la terapia y ya no quiso indagar en la relación que asumió con los hombres. Decidió que no quería tener relaciones con ellos y finalmente encontró una pareja mujer que llenó sus expectativas.

Lo anterior le provocó un rompimiento fuerte con su familia quienes no estaban de acuerdo con su relación pero a ella no le importó.

Trabajar en temas que van más allá de lo que el paciente permite es decisión completamente de él y yo como su hipnoterapeuta no puedo hacer otra cosa más que respetar.

En este caso, Cindy sabía que debía seguir trabajando en la relación que construyó en torno al sexo masculino, sin embargo decidió no hacerlo y yo la respeté.

Hoy es una mujer segura de sí misma y tras ese RENA-SER con su ejemplo demuestra a los demás que se puede atender cualquier padecimiento siempre que se tenga el deseo de hacerlo.

Está consciente de que aún le falta por trabajar y seguro llegará el momento en que su propio subconsciente le diga que ya llegó la hora.

# Capítulo XVII

## Regresiones a Vidas Pasadas

Manuel y Rocío se conocieron vía redes sociales. Llevaban varios meses compartiendo mensajes luego de que un día se encontraron en internet a pesar de vivir en la misma ciudad.

Después de varios mensajes decidieron citarse en una cafetería de la pequeña ciudad mexicana donde vivían. Cuando ambos pensaron que iban a platicar con un desconocido, resultó todo lo contrario. Al sentarse con un café de por medio, platicaron durante 4 horas para concluir esa primera reunión con la misma sensación: "pareciera que nos conocemos de toda la vida".

A partir de ahí, se convirtieron en los mejores amigos. Compartían el día y en la noche se separaban para cada quien irse a su casa. Rocío con su hijo y su esposo y Manuel con sus padres y hermanos.

Durante un mes la dinámica de vida era la misma pero con una característica particular: Manuel acompañaba a Rocío a cada uno de los viajes laborales que realizaba y que aunque cortos, representaban el traslado de una ciudad a otra para finalmente volver entrada la noche.

A los 3 meses de haberse conocido Manuel decidió tomar una oportunidad de trabajo en otra ciudad y Rocío se quedó devastada. ¿Por qué me pasa esto si apenas llevo 3 meses de conocerlo?

Aprendieron a vivir a la distancia. Manuel se enroló rápidamente en su nuevo trabajo y el tráfico y el estrés de la ciudad en la que vivía generaron esa separación física que a Rocío le impactó demasiado.

Eran amigos. No había forma de que fuera una relación sentimental más allá de la que tejen los lazos de la amistad.

Rocío no desperdiciaba oportunidad para regalarle todo lo que podía. Aún a la distancia se mantenía pendiente de darle todo lo que pudiera.

¿Por qué me siento así, como si quisiera devolverle algo? ¿Por qué me angustia tanto saber si está bien? ¿Por qué cotidianamente siento que está en peligro? ¿Por qué creo que debo pagarle algo? Eran las preguntas con las que Rocío llegó a la sesión.

Vale decir que al llegar conmigo, ella no tenía en mente tocar el tema porque incluso, no lo mencionó. Sin embargo su subconsciente decidió que debía ser tratado porque la respuesta a estas preguntas le estaban robando la tranquilidad.

Rocío llegó al estado de relajacion profunda y llegamos a 1930, su vida inmediata anterior. Pese a que pudimos trasladarnos a diferentes vidas pasadas, ella decidió regresar una y otra vez a esta.

Ella era un hombre a quien le apodaban “Perico” que se crió en la Cordillera de los Andes junto a su amigo David. Ambos crecieron juntos y al tiempo pudimos ver que tuvieron una relación sentimental.

A los 15 años emprendieron el camino fuera de casa. Huyeron a donde no los molestaran por sentir lo que sentían.

Rocío me relataba con mucho júbilo la sensación de libertad que "Perico" mostraba al alejarse de su familia, vió un camino arbolado donde sólo se escuchaba el canto de los pájaros que se posaban en esos árboles grandes y verdosos.

Veía los pies de ambos caminar y caminar hasta llegar a otro momento de su vida.

Llegamos a una cantina, donde "Perico" recogía las mesas. En ese momento escuchó cómo una persona ebria le daba la orden de matarlo "por maricón".

Al oir esta instrucción, el muchacho salió corriendo pero fue alcanzado por el hombre que por unas cervezas estaba dispuesto a cumplir con la encomienda.

Sacó un cuchillo y cuando estaba por encajarlo en "Perico", su eterno acompañante David, se interpuso y a quien llenaron de puñaladas fue a él.

Cuando Rocío me relataba lo anterior, sufrió mucho. -¡Es Manuel! ¡Es Manuel! ¡Mataron a Manuel!- Decía llorando.

-Eres una espectadora- le dije mientras le puse una mano en el hombro.

En ese momento dejó de llorar para contarme que después de que asesinaron a su amigo, el hombre cumplió su cometido de asesinar a "Perico".

Ahí acabó la vida de ambos compañeros. En otra vida, ambos fueron pareja. En otra vida ambos murieron juntos.

Rocío finalmente obtuvo la respuesta que su cabeza y su corazón buscaban: se sentía agradecida inmensamente con Manuel por dar la vida por ella en una vida pasada.

Los viajes de los que disfrutan en esta vida, tienen sentido al recordar los pasos que dieron en una vida anterior. Disfrutan de lo mismo porque la vida los volvió a juntar.

Pasó un tiempo y Rocío me contactó para preguntarme ¿qué era lo que debía entender tras ese episodio tan real que había visto durante la regresión?. Le expliqué que el haber tenido la oportunidad de volver a una vida pasada, le dio la información que necesitaba para saber por qué actúa en este momento como lo hace.

Más aún, pudo constatar que de una vida anterior a esta actual, ella pudo evolucionar sin embargo su amigo Manuel no lo hizo. El haberse encontrado de nuevo, es una señal de que ambos tienen una tarea que no terminaron en una vida pasada y que por ello la vida de nuevo los juntó.

Y es que si concluye tu vida y no has cumplido con la misión destinada para ella, regresas para cumplirla. Las personas pueden regresar hasta en 6 ocasiones para terminar con la tarea que quedó pendiente de una vida anterior.

Como en el caso que acabo de relatar, durante una regresión a vidas pasadas entiendes mucho de lo que hoy en día pasa por tu vida. En ocasiones existen circunstancias que no sabemos por qué ocurren o por qué nos aquejan y una opción siempre será volver a lo que fuiste para entender el presente.

Lo que es fundamental es acudir con un experto para la realización de estas regresiones a vidas anteriores y es que como le ocurrió a Rocío, los recuerdos son vívidos, sin embargo no hay necesidad de volver a padecer ese dolor. Por eso se les recuerda a los pacientes que sólo son observadores de lo que están volviendo a vivir, sólo deben verlo pero no quedarse enfrascados en el sentimiento.

Claramente Rocío sentía un inmenso dolor al ver que su compañero de vida estaba siendo asesinado y así me lo demostró durante la sesión, sin embargo no podía dejar que mantuviera viva esa conexión ya que al hacerlo, se pueden traer a la vida presente patologías innecesarias.

Rocío regresó sin problema y dejó de sentir la crueldad de ese asesinato. Es fundamental reconocer que existen charlatanes que al intentar hacer este tipo de regresiones permiten que sus pacientes traigan emociones de vidas pasadas a esta vida y eso sólo genera nuevos problemas emocionales sin sanar los anteriores.

La Hipnosis Clínica y las regresiones a vidas pasadas se realizan para sanar, no para generar más conflictos y crear más situaciones por resolver. Quienes somos profesionales de este tema nos hemos encontrado con casos exitosos que son resueltos gracias al reencuentro del paciente con su vida anterior o bien con su vida actual en años anteriores.

Así ocurrió con un hombre que llegó un día a mi consultorio. Tenía la necesidad de comprar equipo para seguir produciendo en su trabajo pero ocupaba 100 dólares que en ese momento no tenía.

Era un hombre de 52 años al que aparentemente no debía faltarle nada porque ganaba bien dando clases de matemáticas a domicilio. En Estados Unidos, acudir a clases de regularización de casa en casa a niños especiales es un trabajo bien pagado y él lo tenía, sin embargo tenía una relación especial con el dinero.

Cuando llegó conmigo, buscaba resolver el por qué nunca le rendía lo que ganaba ya que lo que ingresaba a su cuenta, de inmediato se transformaba en pequeños lujos que no necesitaba. Parecía imposible tener recursos económicos de reserva para alguna emergencia ya que el dinero así como llegaba, se iba.

Adicional a ello, tenía un problema de asma que no le permitía vivir con libertad. Respirar cada vez costaba más trabajo y salir adelante con este padecimiento resultaba también cada vez más difícil.

Durante la plática inicial al llegar a sesión en mi consultorio, me pidió trabajar en ambos temas y fue así que decidimos comenzar.

-¿Dónde estás?- le pregunté al estar ya relajado.

-En una bodega- me respondió.

-¿Por qué estás ahí? Pregunté

-Es el lugar donde trabajo... estoy tratando de....- respiró para continuar narrando ese momento. -Veo mucho humo... parece que hay unas cajas que están ardiendo. ¡Si!, hay fuego... ¡tengo qué apagarlo!...-.

-Busca ayuda- le dije.

-No puedo, la puerta está atrancada, ¡no puedo, no puedo!- decía al tiempo de que su respiración se agitaba, tosía y manoteaba como queriendo librarse del humo que invadía su cuerpo.

-Sólo obsérvalo, observa solamente qué pasa- le dije.

-Se cae sobre mí una caja de madera... la aviento, logro quitármela de encima pero la puerta está atorada, no puedo salir. Todo es humo... me cuesta trabajo respirar. Nadie viene a ayudarme. Grité cuanto pude, pero ya no tengo ni fuerza ni aire para respirar.... Estoy acostado, ya no tengo fuerza....-

-¿Es el último día de tu vida?- le pregunté.

-Si, acabo de morir-. Me dijo.

Su subconsciente guardó esta historia de una vida pasada para detonarla en algún momento de su vida actual.

El siguiente reto era descubrir el momento de su vida presente en el que se generó esta enfermedad para sanar las causas. Fue así como llegamos a los 7 años de edad cuando su madre le notificó que volvería a casarse.

Siendo apenas un niño no lograba entender lo que su mamá le decía y prefirió callar el enojo y los reclamos. Evidentemente no quería tener un padrastro pero eran tan pequeño que no pudo decirle a su madre lo que sentía ante la decisión que había tomado de volverse a casar.

Las palabras lo ahogaron y las lágrimas también porque prefirió callarlas antes de cuestionar la decisión de mamá. Sin embargo fue ese el momento justo en que desarrolló el asma para su vida presente.

En esta ocasión no fue el humo de aquella bodega de su vida anterior el que lo asfixió hasta la muerte, sino las palabras que no pudo decir, que se transformaron en este padecimiento respiratorio que detonaba una crisis cada vez que había algo incómodo que enfrentar.

Lo ocurrido en su vida pasada lo tenía predestinado a que volviera a pasar. En aquella ocasión no pudo salvarse del humo que lo asfixió hasta arrancarle la vida. Al tener conocimiento de esa historia y al saber que en esta vida padecía de una grave enfermedad respiratoria, la misión era realizar lo que fuera necesario para que la falta de aire no le arrebatara la vida de nuevo. Antes fue el humo emanado de un incendio, ahora era el asma que le impedía respirar.

Por eso había que llegar de nuevo al momento en que su mente subconsciente atrajo el recuerdo de su vida anterior. Mi paciente se confrontó con su madre y siendo adulto pudo decirle que no estaba de acuerdo con esa decisión. Le contó que con tan sólo 7 años quiso gritar pero no pudo hacerlo y por ello ante el temor que esto le representaba, decidió cargarlo como una enfermedad respiratoria que a partir de ese diálogo con su madre, quedó sanada.

La siguiente parte era resolver la pregunta que le inquietaba ¿Por qué no me dura el dinero? Y ahí también había mucho que resolver.

Ciertamente como maestro de matemáticas de niños especiales, tenía el poder adquisitivo para comprarse lo que quisiera, aún incluso si no lo necesitaba. Un día sorprendió a sus amigos y a su familia al comprarse un automóvil Mercedes Benz con quemacocos, era el último modelo y aparte de lujoso era indescriptiblemente bonito.

Así como este gasto, había muchos más. El dinero como llegaba se iba y no había pensamiento de provisión sino de despilfarro.

Durante las sesiones posteriores llegamos a una reminiscencia de su vida infantil. Sin haber superado aún el momento en que su madre le contó que se casaría de nuevo, este hombre de 52 años se transformó nuevamente en un pequeño temeroso frente a su padrastro pero deseoso de ser amado.

En su nuevo matrimonio su mamá había tenido dos hijos más a quienes su padrastro consentía, amaba y proveía. El hombre tenía la costumbre de darle cada domingo una monedita a sus hermanos menos a él. Un día se le ocurrió preguntar por qué sus hermanos recibían dinero y él no. El padrastro no dudó en responder: -porque tú no eres mi hijo-.

En ese momento la resistencia al casamiento de su madre y el asma se reforzaron pero también nació la promesa de que cuando fuera mayor tendría tanto dinero que se compraría todo lo que quisiera.

Y es que el hombre transformado en un pequeño infante, recordó el momento en que deseaba con todas sus fuerzas un "bolis", en México esto es una bebida de frutas que se congela y se convierte en un "hielito" para refrescarse del calor.

La falta de dinero para comprarse su "bolis" y la promesa a sí mismo de amasar una fortuna que le impidiera toda carencia, lo convirtió en un hombre efectivamente rico pero con la necesidad de comprarse cuanto deseara aún y cuando no fuera necesario.

El dinero comenzó a rendir al tomar conciencia de que no era un bolis de niño o un Mercedes Benz de adulto lo que necesitaba, sino que requería volver a su niñez para sanar la herida que su padrastro dejó y que evidentemente estaba dañando su relación con el dinero.

Conflictos no resueltos, abusos sexuales, relaciones tóxicas, problemas en la infancia, entre muchas otras situaciones pueden determinar lo que en su momento se va a manifestar quizá no de la mejor forma y es justo por ello que las personas tienen en este método una alternativa para sanar.

Si hiciéramos una analogía de lo que la Hipnosis Clínica o las regresiones a vidas pasadas pueden hacer por nosotros, podríamos decir que es como si hubiera un tapón que impide fluir la sangre a todo nuestro aparato circulatorio.

Cuando el paciente se somete a una revisión estricta de un profesional, se realizan lo estudios pertinentes y auscultan el organismo hasta detectar la existencia de un coágulo que debe deshacerse para que la sangre pueda fluir.

Es entonces cuando el médico proporciona el tratamiento correspondiente, lo enfoca a la causa y al lugar del organismo donde se encuentra esto que impide el paso de la sangre al resto de nuestro cuerpo.

Lo mismo ocurre cuando nos analizamos a través de una regresión a vidas pasadas, porque al entender la causa, es más sencillo atender las consecuencias.

Esto le ocurrió a Lisa, una mujer que un día encontró al amor de su vida. La conexión y la química eran tales que a la semana de conocerse ya se habían mudado a vivir juntos y comenzaron con una historia de amor como sólo las relatan en los cuentos.

Lisa sentía que estaba viviendo el sueño que tenía desde niña: tener un novio estable, guapo, extraordinariamente atento, simpático, platicador, romántico, atento, cariñoso. Lo que toda mujer querría tener para compartir el resto de su vida.

Poco duró el romanticismo inicial porque tras un breve tiempo de vivir juntos, su "príncipe azul" comenzó a cambiar. Su forma de ser atenta comenzó a tornarse indiferente, su amabilidad se convirtió en agresión y el eterno amor que juró tenerle se transformó incluso en golpes que siempre venían seguidos de una actitud de arrepentimiento donde después de pedirle perdón, todo volvía a ser "felicidad".

Era tanto su amor, que Lisa decidió prestarle el dinero que su enamorado necesitaba para hacer un negocio, mismo que perdió por su inconsistencia y sus malas decisiones.

Tras varios meses de maltrato, obsesiones y celos compulsivos, Lisa decidió pedir ayuda y se fue a vivir con su hermana a una pequeña ciudad de Europa.

No le importó volver a empezar ayudando en el pequeño negocio que tenían en casa. Hasta ese lugar llegaba todos los días un americano a comprar productos. Lisa notaba que el hombre era atento con ella pero no quería engancharse y se negó una y otra vez a cada invitación a salir que este joven hacía.

Un día su hermana la animó para que saliera y se diera una nueva oportunidad a lo que Lisa aceptó. Fue tal su afinidad que al tiempo de conocerse decidieron casarse y se mudaron a vivir a Nueva York.

Ya en esta ciudad, esta mujer llegó a mi consultorio con una gran duda: ¿por qué le había tocado vivir esa experiencia tan amarga con el hombre al que consideró su alma gemela?.

-Almas gemelas- pensé. ¡Y vaya que yo sabía de almas gemelas!-. Era un buen momento para recordar que cuando encontramos a una persona que suele ser afin a nosotros, probablemente haya historias inconclusas de otras vidas, pero también existe ese libre albedrío que cada quien tiene y que nadie puede forzar.

Esa libertad que es un regalo y que cada individuo va construyendo en su paso por esta vida.

Pese a que ahora se encontraba felizmente casada y compartía su vida con un hombre atento y que la amaba intensamente, Lisa quiso conocer la razón de haber encontrado a su pareja anterior.

Decidió hacer una regresión a vidas pasadas y al término de las sesiones descubrió que en una vida pasada, el hombre que en el presente la había hecho sufrir tanto había sido también su pareja. Sin embargo ella estaba encarnada como él y él estaba encarnado como ella.

En aquella vida, ella era quien maltrataba y hería a su pareja por lo que comprendió que se habían reencontrado para invertir los papeles. Ahora a ella le había tocado resistir los malos tratos que dio en una vida pasada. Al reconocerlo y aceptarlo, dejó que esa historia fluyera para no lastimarla más.

Es por eso que un hombre bueno apareció en su camino para ayudarla a evolucionar.

La vida de Lisa dio un giro de 360 grados, decidió compartir su experiencia a través del "Proyecto Esperanza", así le denominó a la forma en que ella quería compartir lo que había vivido para ayudar a otras personas a crecer a partir de publicaciones, capacitaciones ontológicas, de coaching, liderazgo y PNL.

Su proyecto de vida se convirtió en una fuerte motivación para ayudar a los demás y lo sigue haciendo agradecida por esta nueva oportunidad para ser feliz.

Las Regresiones a Vidas Pasadas nos permiten entender por qué durante nuestra vida actual tenemos actitudes que se convierten en un día a día, que influyen en nuestras decisiones, en nuestro estilo de vivir e incluso en nuestro destino.

Matías es un joven diseñador gráfico y experto en temas de redes sociales. El Social Media Marketing le permitió acceder desde el inicio de esta disciplina, a cuentas de personas muy importantes y figuras públicas que le generaron buenos dividendos que incluso, tardaba más en cobrar que en gastar en artículos caros y novedosos aunque no los necesitara.

-Ana María, ¿por qué no me dura el dinero?- me preguntó un día preocupado.

Fue en ese momento en que le dije que era necesario regresar a vidas pasadas para conocer el origen de esta situación y así lo hicimos.

Al volver a una vida pasada, descubrimos que Matías fue un príncipe. Su fortuna era incontable y la cantidad de personas que tenía a su servicio también. Gastaba en ricos manjares, suntuosos palacios, regalos al por mayor para toda la gente que lo rodeaba. No reparaba en gastos para obtener lo que él quería.

En la hipnosis supimos que ese príncipe "reaparecía" cada vez que a Matías le gustaba algo y no dudaba en comprarlo al precio que fuera aún a sabiendas de que se gastaría todo el dinero ganado en alguna de sus cuentas. Las reminiscencias de esa vida, generaron que este joven profesionista gastara en ocasiones de más.

Por eso fue necesario conocer el origen de esta conducta y programar su mente a que en su presente no era similar económicamente a la de aquel príncipe por lo que cada vez que apareciera en él el deseo de comprar compulsivamente, debía contenerse ya que era el personaje de su vida anterior quien instruía y ordenaba y no el Matías de la vida actual.

A través de la Hipnosis Clínica obtenemos información que nos permite tomar decisiones, es por ello que conocer lo que pasó en otras vidas, nos da la oportunidad de saber ¿qué viene de otros tiempos?, y cómo debemos acoplarlo a nuestras circunstancias presentes.

# Capítulo XVIII

## Hipnosis en adultos mayores

Un día a mi consultorio en Nueva York llegó Ana, una mujer enferma de cáncer.

Tenía 72 años. Sus hijos, los doctores y ella misma estaban sólo esperando el final. Su familia había decidido que la terapia conmigo podría ser una buena alternativa para asumir su diagnóstico de cáncer de estómago y para que fuera más sencilla la despedida ya que le habían dicho que sólo tenía 6 meses de vida.

Me pidieron incluso que le hablara de la muerte, de la manera en que debía aceptarla y de cómo debía arreglar aquello que faltara por ser atendido antes de partir.

Durante nuestros encuentros le expliqué todo lo relacionado a la Hipnosis Clínica y le hablé de los beneficios de practicarla. Le dije que cuando estuviera lista comenzaríamos con las terapias ya que hasta el momento nuestros encuentros eran solo un espacio de conversación. Ella sólo me respondía que quería perdonar antes de partir.

¿Perdonar antes de partir? Así es, con esto la paciente sólo me estaba confirmando que su enfermedad tenía que ver con algún episodio de su vida.

En las pláticas sostenidas me contó de su vida y su infancia. Me dijo que tenía una hermana menor, Esther, con quien no llevaba relación alguna por una historia que no era sencilla de asimilar.

Ambas se enamoraron del mismo hombre, quien finalmente resolvió casarse con Ana, mi paciente. Sin embargo la hermana menor, Esther, nunca se separó de él y ambas hicieron vida marital. Con Ana tuvo seis hijos y con Esther cinco, prácticamente todos de la misma edad.

Consciente de que era el esposo, a los hijos que tuvo con Ana - la hermana mayor- les dio su apellido y los reconoció ante la ley. A los que tuvo con Esther no los reconoció aunque ellos sabían que era su padre.

Esta situación originó que a lo largo de los años, se desarrollara un enorme sentimiento de odio en ambas familias a tal grado que cuando coincidían los medios hermanos casi siempre terminaban en golpes.

El problema quizá nunca fue de las hermanas sino del padre de sus hijos quien por cierto, murió teniendo relaciones sexuales con una vecina.

Tras esta vida, Ana desarrolló cáncer y estaba consciente de que necesitaba perdonar para poder morir en paz.

Una vez que se encontró lista iniciamos las sesiones de hipnoterapia mediante las cuales perdonó a su hermana, a su marido y se perdonó a ella misma. Dejó que fluyera todo el rencor que durante muchos años albergó y encontró la paz al saber que había perdonado.

Al término de las primeras sesiones me dijo -hoy sé que voy a vivir, no tengo cáncer-.

Parecía que ahí había terminado todo, sin embargo decidimos regresar a vidas pasadas donde Ana encontró que su marido en esta vida, había sido también su marido en una vida anterior y que en aquella también le había sido infiel con varias mujeres.

Pese a que en varias ocasiones había descubierto su infidelidad, ella siempre lo perdonaba. En esa otra vida, su misión era perdonarlo y así lo hacía. En esta vida era no hacerlo y al comprender que el no darle perdón solo le quitaba la paz que necesitaba para si misma, fue que perdonó y liberó a su cuerpo de esa situación.

Al regresar al momento actual, me dijo que había entendido lo que hoy le pasaba y me reiteró que ella no iba a morir porque estaba enamorada de sus nietos y pretendía estar viva para impulsarlos.

Antes de despedirse me dijo: -Usted va a pensar que estoy loca pero yo voy a estar bien- y se fue.

Pasaron unos días antes de volver a verla de nuevo y cuando llegó el momento de la siguiente sesión venía muy contenta. Lucía unos zapatos de tacón muy bonitos, perfectamente maquilladab y con su cabello muy arreglado.

Al llegar vi que tenía un papel en la mano y antes de preguntarle ¿qué era? Me lo entregó diciéndome que estaba libre del cáncer.

-¡Me entregaron un diagnóstico equivocado-! me dijo con una mezcla de asombro y alivio. ¡-No tengo cáncer-! repitió.

Ana se había ido de la última sesión tan segura, que su fe y el trabajo realizado en vidas pasadas generaron las circunstancias que hoy festejaba. Por eso desde que soltó el rencor que por años acumuló, dijo segura de si misma que no iba a morir y que no tenía cáncer porque en el fondo sabía que había terminado con la situación que le había generado ese estado.

Encontrar la causa siempre lleva a resultados extraordinarios. Resultados que por increíbles o inverosímiles que parezcan son reales. Lograr el perdón y descubrir lo que pasó en vidas anteriores permite liberarnos de tal modo que todo comienza a fluir.

# Capítulo XIX

## Hipnosis y regresión al vientre de la madre

Mientras nos encontramos en el vientre materno, comenzamos a tener nuestras primeras memorias e inicia nuestra capacidad de aprender. Las emociones que la madre tiene durante el momento de la gestación, pueden influir en el bebé ya que es altamente sensible a ellas.

Durante la hipnosis, el paciente logra recuperar vivencias intrauterinas que le permiten comprender el origen de situaciones emocionales vividas en la actualidad. Esto a su vez, lleva a quien vive esta experiencia a comprender la raíz y a sanar lo que requiere ser sanado.

También es posible regresar al vientre materno para comprender nuestra misión en esta vida, así como algunas situaciones que parecen no tener explicación.

A mi consultorio llegó una mujer originaria de Tlaxcala, un estado ubicado al centro de México.

Era madre de dos hijos, una adolescente y un varón mayor producto de su primer matrimonio. La búsqueda de alternativas para que su hija bajara de peso la llevaron hasta mi consultorio.

Se había casado por segunda vez con un hombre poco agraciado que había sido su jefe y que a pesar de no tener muchas cosas en común, se presentó como la oportunidad de darle solvencia económica a ella y a sus hijos. Iniciado el matrimonio ella pudo darse cuenta de que su vida económicamente estaba resuelta.

Durante la primera sesión trabajamos en la relación con su marido, sobre todo para aceptar que ella buscaba estar junto a él para que a sus hijos no les faltara nada. Tenía carros, escuelas privadas para ellos, vivía como siempre quiso hacerlo ya que su familia no era precisamente rica.

Mi paciente reconocía que se había casado por comodidad y en esas circunstancias seguía viviendo, pero atribuía su decisión a la vida de carencias que tuvo cuando niña. Siempre le reclamó a su madre permanecer en un matrimonio donde no había mayores expectativas ya que si estas no existían, entonces tampoco habría manera de mejorar su situación económica.

Esos reclamos se convirtieron en el principal motivo de separación con su madre. La falta de empatía, amor, cariño y hasta cierto punto la indiferencia entre ambas, caracterizaron la relación por muchos años. -Es mi madre, debo quererla, pero no la quiero-, me dijo hasta cierto punto con un poco de pena.

Ahí fue donde le dije que consideraba necesario regresar al vientre materno y aceptó.

La siguiente sesión iniciamos el regreso a la vida intrauterina.

Comenzamos el viaje adentro del vientre materno y le pedí que nos fuéramos hasta el mes de gestación.

-Qué es lo que ves? le dije, pero no me respondió.

En un segundo intento por obtener elementos para trabajar en la sesión di una nueva instrucción: -Ve por favor a los seis meses de gestación, te recuerdo que estás adentro del vientre de tu madre, vamos a los seis meses de gestación-.

De nuevo no respondió nada.

-Siéntate dentro del vientre de tu madre y dime ¿qué ves, qué sientes?, volví a cuestionar y el silencio volvió a ser la respuesta.

La mujer fruncía el ceño, arrugaba las cejas, hacía gestos de extrañeza a cada una de mis preguntas pero no decía nada hasta que por fin, rompió el silencio.

-Estoy dentro pero ella no es mi mamá- dijo alterada. -¡Ella no es mi mamá. Esta mujer no es mi mamá!- gritó.

De inmediato le pedí que viera la cara de su madre y le pregunté si era esa mamá con la que no podía tener una relación sana. Me dijo que no, no eran la misma persona. Al cuestionarle cómo era el estado de ánimo de la mujer a la que ella veía, me dijo que sentía muchos nervios, -soy un hijo no deseado, soy producto de una violación-, me contestó.

--¡Nunca he visto a esta mujer, nunca la he visto! -decía.

-Escucha su voz a ver si la reconoces-, pregunté.

-No la conozco-. Insistió.

Después de este cúmulo de emociones terminamos la sesión. Al concluir se secó las lágrimas y me dijo: -Quisiera preguntarte qué tan cierto es esto, pero lo que viví es real, la mujer que vi no era mi mamá-.

Se retiró y de inmediato fue a confrontar a la que ya sabía, era su madre adoptiva. Tras terminar la terapia descubrió el por qué de la indiferencia y la falta de entendimiento entre ambas.

-Yo realmente la quería querer, pero siempre me daba cuenta que chocábamos, ahora claro que lo entiendo, todo lo entiendo perfectamente- me decía.

Al estar de frente con la mujer que la crió y tras haber aceptado que era adoptada, le exigió que la llevara con la persona que le dio la vida, a la que había visto durante la sesión.

Llegaron a un lugar muy humilde, prácticamente ubicado en un cinturón de miseria. Ya frente al rostro de la mujer que le dio la vida y al que pudo conocer mediante la hipnosis, mi paciente comenzó de nuevo con los reclamos.

-Nada más quiero saber por qué me regalaste-. le dijo.

-Nuestra situación no era buena, tu papá estaba enfermo, era alcohólico, no sabía qué hacer. La señora tenía una buena posición económica y sabía que con ella ibas a estar bien. Perdóname-, dijo la mujer.

-Te perdono pero por ti no siento nada y así concluyó la visita.

Si bien no sentía nada por la mujer que creyó su madre por muchos años, ahora mucho menos sentía amor por quien le había dado la vida pero luego la regaló.

Volvió a una cuarta sesión mucho más confundida que las otras tres. Finalmente ya sabía la verdad de su origen y más que entenderlo debía de aceptarlo, sin embargo había un punto muy importante qué definir: ¿para qué le estaba pasando esto? ¿Cuál era su misión en la vida?.

Trabajamos de nuevo y durante la terapia descubrió que su misión en esta vida era desarrollar la compasión, justamente por eso le correspondió vivir situaciones mediante las cuales tenía que desarrollar no sólo esta virtud sino también la tolerancia, el amor y la paciencia.

Entendió que así debía ser para poder sanar la relación con ambas mujeres igual de importantes en su vida y para tener el estima suficiente que le permitiera saber que estar con su marido por interés no le llevaría al final a nada bueno y mucho menos a la felicidad.

El volver a la vida intrauterina genera no sorpresas, sino descubrimiento de verdades como esta que acabo de relatar.

Pero no ha sido la única. Katherine, una mujer casada hacía años, comenzó a tener problemas en su matrimonio luego de que al dar a luz y esperar con ansia a su primer hijo, el bebé nació de color.

Tanto ella como su esposo eran rubios y con ojos azules, la familia de ambos también tenía la piel y los ojos claros, lo cual hacía prácticamente imposible que el recién nacido tuviera los mismos genes.

Los reclamos por parte de su marido no se hicieron esperar, las acusaciones y su estado emocional complicado tampoco. Su vida se venía abajo sin que ella pudiera hacer nada por evitarlo.

Katherine llegó a mi consultorio para calmar la depresión que le estaban generando esos cambios intempestivos a su vida. Me contó por lo que estaba pasando y decidimos regresar al vientre materno.

-¿Cuáles son las emociones de mamá-? le pregunte

-Nerviosa, angustiada, triste-, me contestó.

-Pregúntale por qué-, respondí.

Después de unos instantes donde su respiración se tornó agitada, Katherine gritó:

-¡Mi mamá está intranquila porque engañó a mi papá, yo no soy hija de quien creo que es mi padre!-

En ese momento durante la sesión de hipnosis, estaba quedando al descubierto el origen de su hijo y se respondían las preguntas sobre la genética del niño.

Al salir de mi consultorio fue a encarar a su madre para reclamarle el por qué le había mentido respecto a sus orígenes y a ella no le quedó más que confesarle que era producto de una relación extramarital con un hombre de color que así como llegó a su vida, desapareció.

El papá de Katherine nunca supo la verdad hasta entonces, pero antes de confesarle todo lo que había descubierto en la regresión al vientre de mamá, decidió hacer las pruebas respectivas de ADN.

Los resultados fueron positivos, los genes de Katherine y su esposo sí correspondían a los de su hijo. Los de Katherine con los de quien siempre consideró su padre, no.

Tras el descubrimiento de esa verdad, los padres de mi paciente se divorciaron tras más de 30 años de matrimonio. Finalmente todo salió a la luz.

En el vientre materno también podemos conocer cuál es el karma con el que llegamos a la vida actual ya que si no fluye a través del subconsciente, se lo podemos preguntar a nuestros Maestros Ascendidos.

Los guías que tenemos designados para la vida aparecen durante la estancia en el vientre de la madre para enseñarnos cuál es nuestra misión y las causas por las que estamos de nueva cuenta en este mundo.

Kimberly era una mujer poderosa, bien acomodada económicamente y llegó a mi consultorio por curiosidad. Ella misma confesó que no sabía qué quería trabajar por lo que al tener varias opciones, decidió regresar al vientre de su madre.

Al llegar a este punto fluyó un estado de angustia al descubrir que la persona que la tuvo 9 meses en su vientre no era su mamá.

-¡Esta mujer no es mi madre!- dijo.

Le pedí que viera bien el rostro de la mujer y confirmó que no era quien la crió por lo que al terminar la sesión se fue muy confundida y directo a la casa de su mamá para confrontarla.

--¡Estás loca! Tú eres mi hija- dijo la madre desconcertada.

Kimberly no se quedó conforme y le decía una y otra vez que su mamá era otra persona.

Su estabilidad económica le permitió contratar investigadores privados que fueron a la raíz de todo. Buscaron registros en el hospital donde nació, platicaron con doctores y enfermeras algunos de ellos aún laborando en la institución y otros ya fuera de ella.

Los encontraron a todos. Luego de la investigación descubrieron que dos niñas habían sido cambiadas y entregadas a madres equivocadas. Fue ahí la punta de la madeja que permitió a la postre encontrar a su madre biológica para tener finalmente la tranquilidad.

Poco tiempo después las preguntas surgieron: -¿Por qué me tocó a mi pasar esta prueba?- me preguntó.

Para encontrar la respuesta fuimos a una vida anterior y descubrimos lo que buscaba.

Regresamos de vidas pasadas para pagar con karma o darma, es decir para dar o para recibir; mi paciente pudo entender que vino a pagar un acto cometido vidas atrás.

Descubrió que su hermana tuvo un bebé al que secuestró por más de 20 años. La mujer descubrió que arrebató a su sobrino porque su madre era muy joven y pensaba que no podía criarlo, por esa razón hizo que creciera con ella sin permitirle tener contacto con su verdadera mamá.

Al conocer la historia entendió por qué a ella la habían arrebatado del seno de su familia y resolvió a partir de este conocimiento dedicar su vida a dar alimentos a niños de escasos recursos a través de comedores públicos.

La vida suele cambiar tras un conocimiento de esta naturaleza, por eso es muy importante saber interpretar los mensajes que se nos presentan así como estar abiertos a todo lo que nuestro subconsciente nos quiere decir a través de la Hipnosis Clínica.

En el consultorio también he tenido la experiencia de atender personas homosexuales que se acercan por alguna situación que les genera inquietud, sobre todo con la pregunta ¿soy o no soy homosexual?

Habría que decir que existen dos maneras de serlo: en primer término por nacimiento y por cuestiones biológicas y en segundo lugar por alguna circunstancia vivida que haya generado atracción por las personas del mismo sexo.

Tal es el caso de quienes son transgénero que incluso se someten a exámenes físicos y médicos desde muy pequeños para definir su sexualidad con el fin de que llegado el momento, puedan realizarse la operación de cambio de sexo.

Cuando hay más hormonas masculinas que femeninas o viceversa, entonces la homosexualidad es cuestión biológica e incluso estas personas durante su vida presente podrían tener reminiscencias de otras vidas donde quizá tuvieron el sexo contrario al actual.

Otra posibilidad existe cuando una persona tuvo experiencias que lo llevaron a sentirse homosexual y que no fueron sanadas en su momento. Por ejemplo: un hombre que de pequeño fue víctima de violación probablemente no sea homosexual por nacimiento, sino porque descubrió que el placer lo podía tener a partir de una circunstancia vivida con alguien de su mismo género.

Cada caso es particular pero cuando esta condición no es biológica, existe la alternativa a través de la Hipnosis Clínica de conocer cuáles fueron las circunstancias para llevar una relación homosexual.

Una mujer ecuatoriana me buscó hasta mi consultorio en Nueva York para contarme que su hija, una joven hermosa de 19 años, estaba saliendo con una mujer de 33 años. Angustiada porque "sentía que la estaba perdiendo", me pidió trabajar con ella para hacerle ver que estaba equivocada en torno a sus preferencias.

Fui sincera con la mujer y le dije que el principio de todo es el respeto, por lo que si su hija era lesbiana por nacimiento, las cosas no iban a cambiar.

Ella me dijo que lo entendía, pero que estaba segura que había una mujer influenciándola para que pensara que le gustaban las personas del sexo femenino.

Partiendo de ahí, me entrevisté con la joven quien por cierto, pasaba por una profunda depresión. Efectivamente sostenía una relación con una mujer 14 años mayor con quien llevaba tiempo saliendo. Me contó que para poder verse recurría a engaños, mentiras y todo tipo de pretextos que le inventaba a su madre para vivir su amor.

Aunque no entendía muy bien de qué se trataba la hipnosis, la llevé al vientre de su madre.

El encuentro con ella misma durante el periodo de gestación le emocionó de sobremanera a tal grado de que tuve que pedirle en varias ocasiones que recordara que era sólo una espectadora.

-¿Cómo ves a tu mamá?- le dije

-Bien, contenta. Está tranquila, me está esperando gustosa y yo siento mucho su amor-.

-¿Cuántos meses de gestación tienes? – pregunté

-Ocho, tengo ocho, estoy por nacer-, respondió.

En ese momento le pedí que se reconociera, que reconociera su sexo para que nos permitiera saber la verdad sobre su sexualidad.

--Soy una niña-, me dijo dulcemente.

Fue en esta regresión al vientre de su madre como mi paciente descubrió que su homosexualidad no era de nacimiento sino creada a partir de una situación vulnerable que le estaba tocando vivir.

La mujer con la que sostenía la relación había encontrado a una joven deprimida y sola, altamente susceptible y fue ahí que aprovechando sus vacíos emocionales se generó ese vínculo donde lo único que le repetía era que la amaba y que sólo ella la iba a amar.

El condicionamiento creado provocó que se pensara homosexual cuando en realidad biológicamente era una mujer por lo que una vez descubierto lo anterior, decidimos trabajar en los hechos que la mantenían triste y vulnerable para sanarlos y entonces re direccionar su vida.

Hoy la joven ha aceptado el compromiso de casarse con un varón consciente de que lo que la llevó a creerse homosexual había sido una circunstancia que para entonces estaba completamente sanada.

Quiero hacer énfasis que no estoy mencionando por ningún motivo que la "homosexualidad se cura", porque no es así. Hago referencia a que si es por nacimiento no hay vuelta atrás, pero si es por alguna circunstancia pasada no sanada, entonces yendo a la raíz de aquella vivencia se puede, si el paciente lo desea, re definir sus preferencias a lo que biológicamente es una realidad.

En conclusión, las Regresiones a Vidas Pasadas nos permiten evolucionar a partir de reconocer en vidas anteriores, los momentos, los hechos y las circunstancias que detonan muchas de las experiencias que hoy nos tocan vivir. Conocerlas y trabajar en ellas para evitar que se conviertan en un conflicto actual, es parte del trabajo que se realiza a partir de la información obtenida a través de una regresión.

# Capítulo XX

## Reforzar para RENA-SER

Como ya lo mencioné con anterioridad, sanar requiere tiempo y estar dispuesto a vivir esa evolución. Por eso siempre queda la pregunta ¿Si ya fui una vez a terapia, debo regresar para mantener el resultado?

Y aquí la respuesta es que cada persona es distinta. Hay quienes sanan la situación por la que llegaron la primera vez y deciden que así quieren quedarse. Existen personas que habiendo visto el resultado en uno de los aspectos de su vida regresan posteriormente para trabajar algún otro conflicto que requiera ser sanado.

Nuestro subconsciente es la caja de memorias que no es visible todo el tiempo y para trabajar con él necesitamos tener disposición de seguir atendiendo cada uno de los aspectos que lo comprenden o bien, que necesitamos que sean atendidos.

Si visualizaramos nuestra mente comparándola con los archivos de una computadora podríamos pensar que la mente consciente es el panel en el cual guardamos los archivos acumulados durante cierto periodo de tiempo. La mente subconsciente es cada uno de los archivos que contienen fotografías, documentos, enlaces, videos, presentaciones, libros, música y todo lo que hemos almacenado en esa máquina.

Cuando la ataca un virus y tenemos que buscar el archivo infectado que está provocando fallas en el resto del equipo debemos hacer una limpieza. Algunas personas utilizan programas mediante los cuales escanean cada una de las carpetas que guarda esa computadora.

El software se introduce una a una de esas carpetas para analizar y encontrar aquel documento que está dañado. Al encontrarlo, el sistema nos avisa el tipo de carpeta, ubicación y nos da sugerencias para eliminar la infección.

Si decidimos borrarlo, "curarlo" o respaldarlo, habremos terminado con aquello que nos generaba el problema del equipo. Sin embargo, en las carpetas se quedan otros muchos archivos que en determinado momento también necesitarán limpiarse o que ya requieren de un análisis minucioso para evitar otra falla en nuestra computadora.

Lo mismo ocurre con la mente consciente y la mente subconsciente. Durante las terapias a las que acude alguna persona trabajamos aspectos de su vida que en ese momento le están preocupando.

Siempre que llega un paciente le pregunto -¿En qué quieres que trabajemos?-.

Sobre lo que la persona me contesta es que comenzamos a buscar las respuestas dentro de las memorias que ha guardado por años y que mediante las sesiones de Hipnosis Clínica salen a la luz para encontrar aquello que necesita sanar.

En mi consultorio de Nueva York me ha tocado ver muchas historias de vidas que han sanado por haber encontrado la raíz de un problema que quizá no sabían que existía pero se manifestaba de diferentes formas.

Como ya lo hemos explicado anteriormente, la mente subconsciente espera el momento para sacar a flote todos esos recuerdos y los transforma en nuevas experiencias que se van repitiendo a lo largo de la vida.

El proceso de Hipnosis Clínica no es sencillo, sin embargo es un acto de valentía confrontar lo que anteriormente provocó cierto padecimiento actual. Reconocerlo o no, puede ser la diferencia entre llevar una vida más placentera, sin angustias, sin padecimientos o permanecer en ella en espera de que el cuerpo somatice lo que no le permitirmos sanar.

Nosotros decidimos lo que queremos vivir, encontrar el momento en que tomamos esa decisión es lo más importante y la Hipnosis Clínica nos lleva a encontrarnos con ese instante.

# Conclusión

La Hipnosis Clínica me permitió perdonar a mi mamá con quien me reencontré a través de mis sesiones personales.

Por medio de esta técnica, esas preguntas que tanto me dolieron durante mi infancia, se transformaron en certezas al saber que todo ese dolor por la ausencia de mamá, se debía principalmente a que yo venía a este mundo a mostrar lo fuerte que soy, a levantarme cada vez que me caigo, a avanzar cuando siento que todo se detiene, a seguir adelante cuando todo está en contra, a superar los retos porque la fortaleza me la dio esa ausencia que tanto dolor me generó.

Gracias a la Hipnosis Clínica pude estar frente a mi madre para preguntarle:

-¿Por qué me dejaste-? y también tuve la oportunidad de entender los motivos por los que me había quedado sola en la vida.

-Tan sólo tenía 2 años, nunca supe lo que es el amor de una mamá, a mí me hubiera gustado vivir ese sentimiento, ese apoyo, ese amor-. Le reclamé.

-Ese amor, está representado en tu hijo- me dijo. Ahí supe que mi madre decidió enviarme un regalo de amor encarnado en mi hijo mayor, con quien siempre tuve una conexión especial, más allá de la que da el amor filial incluso, desde el embarazo.

Sé que mi madre no se fue para abandonarme sino para fortalecerme. Sé que mis hijos hoy se encuentran conmigo formando la familia que anhelé desde niña y aunque cada uno ya tiene su propio camino, todos los días me brindan ese amor familiar que desde pequeña soñé.

Permitir que mi mente subconsciente se manifestara me dio oportunidad de sanar y retomar mi vida con una nueva escencia pero sobre todo con una misión definida.

Desde 2007, esa misión puedo vivirla todos los días en Hypnosis with Ana María, el centro desde donde el cual he visto cientos de historias distintas, preguntas sin resolver y muchas vidas por recomenzar.

Hoy sé que cada persona que logra RENA-SER a través de la Hipnosis Clínica, es una oportunidad que tengo para seguir cumpliendo la misión que me propuse al concocer al Doctor Brian Weiss y trabajo todos los días con mucho gusto en ello.

Saber que hay personas que al salir de mi consultorio tienen una nueva posibilidad para afrontar el futuro, me llena de satisfacción porque entonces hemos resuelto aquella pregunta que nos llevó a tomar la decisión de ir a terapia: -¿Y tú que aspecto de tu vida quieres resolver-?.

Todas las interrogantes de nuestra vida tienen una respuesta, sólo necesitamos encontrar la manera de darles contestación y la Hipnosis Clínica representa esa opción orientada a RENA-SER porque una vez resuelta la problemática inicial, van surgiendo nuevos temas en espera de ser atendidos.

Tras todo lo escrito anteriormente, no me queda más que agradecerte por haber leído estas experiencias e invitarte a resolver aquello que consideras necesita ser resuelto en ti para entender que la vida no es tortuosa, que la vida es buena y siempre existe la posibilidad de que sea mucho mejor.

Recuerda siempre: No hay nada que tú no puedas construir.

# ¿Quién es Ana María Benavides?

Ana María Benavides es una distinguida hipnoterapeuta certificada y Master Trainer fundadora de Hypnosis with Ana María en la ciudad de Nueva York. Se graduó Cum Laude de Hunter College.

Ana María entrenó extensivamente con Jeff Cohen en the New York Hypnosis Center donde su trabajo incluyó la experiencia práctica, clínica y observacional. Además, es especialista en Regresiones a Vidas Pasadas entrenando con el Dr. Brian Weiss, autor de "Muchas Vidas Muchos Maestros", y muchos otros.

Imparte seminarios de certificación en Hipnosis Clínica en Español e Inglés en la ciudad de Nueva York creando hipnoterapeutas muy competitivos.

Su centro fue galardonado como "El Círculo de Excelencia 2011" reconocida por clientes y otros expertos respetados. Ganadora del Premio como Mejor Hipnoterapeuta 2018, 2019 por el "NY Award Program".

Fue invitada por Univisión Radio NY, en el proyecto "Rena-Ser" donde la hipnosis jugó un papel importante en el mundo holístico. Participó en el Primer Congreso Nacional de Hipnosis Clínica en Monterrey, México dando una conferencia y un taller sobre "Regresiones a Vidas Pasadas".

Combinando la hipnosis con otras técnicas en el 2012 se convierte en Health Coach a través IIN (Institute for Integrative Nutrition) la escuela más grande de Nutrición en el mundo.

Ana María es un instructora certificada por IACT (Asociación Internacional de Consejeros y Terapeutas) IMDHA (International Medical y Dental Association), Consejera Hipnotista por NGH (National Guild of Hypnotists) Instructora Certificada de Oradores (American Association of Professional Speakers and Trainers) Profesional hipnotista clínica avanzada (Instituto for Advanced Neuro - Investigación y Educación) en Nueva York, miembro del IAC (Academia Internacional de la Conciencia) en la ciudad de Nueva York.

En el 2011 y 2012 condujo con gran éxito el programa de radio "Hypnosis with Ana Maria" a través de la cadena Dreamvisions 7 Radio con sede en Boston MA, donde tuvo como invitados a destacadas personalidades del campo de la salud holística de diferentes partes del mundo.

Combina la hipnosis con técnicas de PNL (Programación Neuro-Lingüística) siendo certificada en esta materia por el Instituto for Advanced Neuro - Research and Education, en la ciudad de Nueva York, donde estudió con el Dr. George Bien, es miembro del Instituto Omega en Rhinebeck, Nueva York y National Association of Proffesional Women, en Garden City, Nueva York.

Lightning Source UK Ltd.
Milton Keynes UK
UKHW040653160220
358751UK00001BA/46

9 781506 531281